北京市社会科学理论著作出版基金资助

首都经济贸易大学出版基金资助

U0729585

教师的吸引、保留与激励
——义务教育教师工资体系研究

姜金秋 ◎ 著

JIAOSHI DE XIYIN BAOLIU YU JILI

YIWU JIAOYU JIAOSHIGONGZI TIXI YANJIU

首都经济贸易大学出版社
Capital University of Economics and Business Press
·北 京·

图书在版编目(CIP)数据

教师的吸引、保留与激励:义务教育教师工资体系研究/姜金秋著. -- 北京:首都经济贸易大学出版社,2017.1

ISBN 978 - 7 - 5638 - 2592 - 9

Ⅰ. ①教… Ⅱ. ①姜… Ⅲ. ①义务教育—教师—工资制度—研究—中国 Ⅳ. ①G635.15

中国版本图书馆 CIP 数据核字(2016)第 296428 号

教师的吸引、保留与激励——义务教育教师工资体系研究

姜金秋　著

责任编辑	小　尘
封面设计	砚祥志远·激光照排　TEL: 010-65976003
出版发行	首都经济贸易大学出版社
地　　址	北京市朝阳区红庙(邮编100026)
电　　话	(010)65976483　65065761　65071505(传真)
网　　址	http://www.sjmcb.com
E - mail	publish@cueb.edu.cn
经　　销	全国新华书店
照　　排	北京砚祥志远激光照排技术有限公司
印　　刷	北京建宏印刷有限公司
开　　本	710 毫米×1000 毫米　1/16
字　　数	246 千字
印　　张	14
版　　次	2017 年 1 月第 1 版　2019 年 7 月第 1 版第 2 次印刷
书　　号	ISBN 978 - 7 - 5638 - 2592 - 9/G·391
定　　价	35.00 元

序　言

　　这是金秋的第一本专著,她请我作序,欣然为之。不仅仅为她的第一本专著的出版而高兴,更重要的是她这本书的主题也是我特别感兴趣的问题。我一直对教师工资问题特别感兴趣,因为对于中国这样的发展中国家,能否吸引优秀人才从事教师工作,能否保障贫困地区教师工资,能否激励已经从事教师工作的年轻人实现专业上的发展,能否对工作在老少边穷地区的教师给予足够的补偿……这些特别重要的教师政策,都与教师工资问题密切相关。但由于各种原因,自己一直没能真正做系统深入的研究。国内已有的研究多见于具体事件分析,真正系统地梳理相关理论,并能对主要问题开展实证研究的研究很少。金秋这本书是在她博士论文的基础上完成的,并在书中对一些多年困扰我的问题提供了答案,一些比较模糊难于准确判断的问题得到了科学客观的回答。解疑之作,爱不释手。

　　在我看来,金秋的这本著作在以下几个方面推进了国内关于教师工资问题的研究。第一,这本专著建立在坚实的文献研究的基础之上。不论是对国际上关于教师工资研究文献的把握,还是对国内教师工资制度发展演变的分析,都充分反映了金秋对这一领域文献的及时而准确的把握。第二,这本专著系统梳理了相关的工资理论及教师工作的特点。过去国内对教师工资问题的研究更多是从现实的问题出发,就事论事的研究居多,能突破既有框框束缚,从理论高度探讨教师工资设计应然问题的很少,这本专著在这方面做了有益的尝试。第三,这本书设计了多维度的教师工资水平分析框架,从行业比较、公务员比较、制造业比较、相当学历比较四个维度,分析了1991—2011这20年中的教师工资外部竞争力的变化,清晰而定量化地刻画出教师工资外部竞争力较弱的现实。第四,这本书从工资等级结构的角度探讨了教师专业发展激励不足的问题,发现教师工资等级结构过于平坦化,对教师专业发展的激励机制有待完善。在与其他行业的比较中发现,如果本科毕业生在北京作义务教育教师,那么他的入职工资、工作15年后的工资、最高工资及终身收入都将远低于其他专业技术行业及学历相当行业。优秀人才的吸引、专业水平的提升面临着如何激励的问题。第五,这本书运用个案研究分析了教师绩效工资改革问题。通过个案解剖麻雀,比较细致地分析了绩效工资改革在基层学校的落实情况,并从理论上分析了绩效工资在学校的适宜性问题。第六,这本书提出了义务教育教师工资体系改革的设想,并运用实证方法对不同方案做了测算,明确了各类方案的经费需求及激励效果,具有非常强的可操作性。总之,这是一本严谨扎实值得一读的好书。

当然,教师工作是一项极其复杂的活动,适应这一复杂活动的工资体系并不存在一成不变的解决方案。关于教师工资还有许多理论问题没有解决,关于教师工资问题的实证研究不论数据还是方法,都有大量尚需完善之处,希望金秋能在现有研究的基础上,继续深入持续地关注这一问题,拿出更好的成果。

北京师范大学教育学部教授、博导

杜育红

2016 年 3 月

目 录

图表索引

图索引

表索引

第一章

教师的吸引、发展与保留：工资体系与教师质量

　　"百年大计，教育为本。教育是民族振兴、社会进步的基石，是提高国民素质、促进人的全面发展的根本途径，寄托着亿万家庭对美好生活的期盼。"① 经济合作与发展组织（OECD）组织 2007 年发表的题为《人力资本——所知如何影响生活》（Human capital：how what you know shapes your life）的报告明确提出，人力资本与教育是一个国家经济与社会发展最为关键的影响因素之一。诺贝尔经济学奖得主 Heckman 在 2003 年访问北京时强调，"人力资本是最终决定中国富裕的资产"。现阶段我国正处于改革的关键时期，面临着"中等收入陷阱"的挑战，经济发展方式的加快转变，产业结构的亟待升级，城乡二元经济的统筹，都使得国民素质的提高和创新人才的培养变得愈发重要。未来中国的进一步发展关键靠人才，尤其是在义务教育阶段。"全面提高义务教育质量，确保适龄儿童少年接受良好的教育是提高国民素质、建设人力资源强国的奠基工程。"②

　　教育大计，教师为本。据教育部统计公报显示，2010 年我国初等教育教职工总数约 565 万人，中等教育教职工约 759 万人，占全国教职工的比例高达 74.4%。基础教育教师在教育教学中往往扮演着重要的角色，教师素质的高低直接影响甚至决定着学生素质的高低，影响到民族的未来。国内外大量的实证研究也证实，教师因素是影响基础教育学生学业产出的重要因素，教师因素对学生学业进步的解释力度达到 25% ~ 30%（Hanushek，2005；Park and Hannum，2001；Rockoff，2004；梁文艳，2011）。建设高素质的教师队伍，对于巩固普及义务教育成果、促进义务教育均衡发展，全面实施素质教育、提高教育教学质量，具有重要的战略意义。国务院 2012 年 9 月在《国务院关于加强教师队伍建设的意见》（国发〔2012〕41 号）中，明确提出了我国教师队伍建设的总体目标，"到 2020 年要形成一支师德高尚、业务精湛、结构合理、充满活力的高素质专业化教师队伍"③。

　　那么，如何建设一支高素质专业化的义务教育教师队伍？这需要回答以下三个问题，如何才能吸引优秀人才成为教师？如何能够留得住高质量的教师？如何管理与激励教师努力工作？简言之，让优秀教师进的来、留得住并干得好是义务教育学校教师队伍建设面临的核心命题。实现这一目标涉及新

---

① 国家中长期教育改革和发展规划纲要（2010—2020 年）。
② 国家中长期教育改革和发展规划纲要（2010—2020 年）。
③ 《国务院关于加强教师队伍建设的意见》（国发〔2012〕41 号）。

教师准入资格、教师招聘与甄选政策、教师的考核、教师培训、教师的工资体系、教职业生涯发展等多方面因素。而在现代各类组织中，工资体系是人力资源管理和实践的重要组成部分，在人才的吸纳、保留与激励中发挥着重要作用。因此，本研究重点从教师工资体系的角度出发，回答如何科学合理地设计教师工资体系才能促进高素质专业化义务教育教师队伍的建设。

第一，如何利用工资来吸引优秀人才成为教师？早在 2007 年时，温家宝总理曾提出："把最优秀的学生吸引到师范院校来，把最有才华的学生培养成人民教师……"那么如何吸引最优秀的学生成为教师？大量理论和实证的研究表明，教师工资相对于其他行业的外部竞争力水平将影响教师的供给质量（Brewer，1996；Lankford et al，2002；Manski，1987；Muranae，Singer &Willett，1989；Santiago，2004）。较高的相对工资能够吸引更多人才去应聘教师岗位，从而提高未来教师队伍的质量，因此教师的相对工资水平对教师的吸引有着重要的影响。

第二，如何能够留得住优秀教师？教师不仅考虑起始工资还会考虑在整个教师职业生涯中的潜在收入；而不同职业发展阶段的教师的相对工资水平将影响着教师的离职与流动决策，这就涉及教师的晋升与工资等级设计。那么，目前我国教师工资等级结构有着怎样的特点？存在哪些问题？如何科学合理地设计符合教师专业发展阶段特点的工资等级结构？

第三，怎样激励教师努力工作？如果教师的吸引和保留是国家层面工资设计要解决的核心问题，那么教师激励则主要依靠学校层面的微观管理，要回答的是怎样设计绩效工资才能体现教师的个人贡献。教师的劳动本身具有特殊性，首先，教师要培养的是活生生的人，是德智体全面发展的学生，教师的最终劳动产出质量难以准确测量，无法像企业生产的机器零件一样准确计数。其次，如果单纯考评教师所带班级的成绩，依据学生成绩来奖励教师，则又将陷入追求应试教育的陷阱，与我国推行素质教育发展的理念相违背，产生扭曲激励。再次，教师的教育行为具有不可复制性。对于物品的生产可以再次熔炉和改造，但教师对学生的影响则是一次性的也是意义深远的，无法再次修正。考虑到教师与其他职业相比所具有的特殊性，无法简单地实施绩效工资来激励教师，这也是此次绩效工资改革的难题。

第一节 现代工资体系的框架及义务教育教师工资体系构成

工资体系（wage system），或称工资模式，是指组织根据某一依据制定的各类各级员工的工资标准体系，它决定着工资结构、工资水平和工资的调整[①]。米尔科维奇和纽曼在《薪酬管理》[②] 一书中给出了现代工资体系的分析框架，见图 1-1。

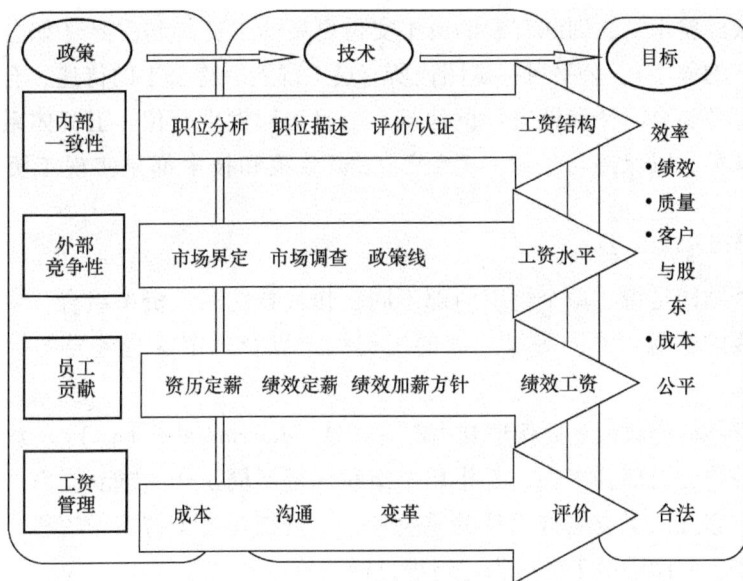

图 1-1 工资体系模型

现代工资体系从设计角度可以分成三大模块：①工资政策；②工资技术；③工资目标。从工资体系构成来看，可以分成五个部分：①工资目标；②工资结构；③工资水平；④激励计划；⑤工资管理与评价。下面将从工资体系构成的五个部分来详细介绍现代工资体系的基本框架和内容。

---

① 林健. 大学薪酬管理——从实践到理论［M］. 北京：清华大学出版社，2010.
② 乔治·米尔科维奇. 薪酬管理（第九版）［M］. 北京：中国人民大学出版社，2008.

一、现代工资体系的基本框架

1. 工资目标

工资目标是组织设计工资体系的指导方针，不同的工资目标将决定了组织的工资内容和工资政策，工资目标的设定是为了达到组织某些特定的目标。图1-1列出了工资的基本目标，包括效率（efficiency）、公平（fairness）和合规（compliance）。

"效率目标又可以进一步细化为提高绩效、改进质量、取悦客户和股东、控制劳动力成本；公平是工资体系的基本目标，通过承认员工的贡献（向业绩突出或经验丰富、训练有素的员工支付更高的工资）和需要（如公平的工资和公平的程序），公平目标试图让所有员工都能获得公平的待遇；合规意味着要遵守各类全国性和地方性的法规，一旦法律发生变化，工资体系也应做相应的调整，以保持与法律一致"①。工资政策和技术都是实现工资目标的手段。

2. 工资结构

工资结构是指"单个组织内部不同工作或技能的工资率组合，主要通过工资等级的数量、不同等级之间的工资级差以及确定这些差异的标准来描述"②。

工资结构的政策是要保证其内部一致性（internal alignment）。"内部一致性通常被称为内部公平性，是指单个组织内部不同工作/技能/能力之间的工资关系。它强调工资结构设计的重要性，工资结构要支持工作流程，对所有员工公平，并激励员工的行为与组织目标相符。"③

如图1-1所示，工资结构设计的流程为：①职位分析；②职位描述；③职位评价或认证。职位分析是设计工资结构的基础，就是描述工作差异性与相似性的系统方法。职位分析有两个关键的用途，一是要确立各种职位在工作内容上的差异性与相似性，二是协助建立具有内部一致性和公平性的职位结构。职位描述是根据工作实际执行情况，对职位进行识别、界定和描述的总结报告。职位评价则是在前面职位分析和职位描述的基础上，采用一定

① 乔治·米尔科维奇. 薪酬管理（第九版）[M]. 北京：中国人民大学出版社，2008.
② 乔治·米尔科维奇. 薪酬管理（第九版）[M]. 北京：中国人民大学出版社，2008.
③ 乔治·米尔科维奇. 薪酬管理（第九版）[M]. 北京：中国人民大学出版社，2008.

的技术方法如排序法、归类法、计点法等对组织内部的各种职位进行比较和评价，从而建立根据工作内容或相对价值的职位排序和工资结构。

3. 工资水平

工资水平是指"某雇主所支付的一系列劳动力费用的平均水平，它的计算公式为：（基本工资＋奖金＋福利＋股票价值）／员工数量"[1]。工资水平关注两个目标：①控制成本；②吸引和留住员工。

工资水平设计要符合第二个政策——外部竞争性。外部竞争性是指"组织之间的工资关系——与竞争对手相对应的工资，在实践中表述为设定一个高于、低于或与竞争对手相同的工资水平"[2]。

工资水平设计的流程为：①界定相关劳动力市场；②市场调查；③绘制工资政策线。界定相关劳动力市场是制定工资决策的一个重要组成部分，通常界定的三个要素是职业（所需技能／能力）、地域及相同或相似产品／服务的劳动力市场的其他竞争对手雇主。通过市场调查获得相关劳动力市场上竞争对手组织内部各个职位等级的工资水平，然后据此数据绘制市场薪酬线，即职位和市场工资率之间的连线。工资政策线则是依据组织的要求制定高于、低于或等于竞争对手的工资政策来确定组织的平均工资水平与不同职位的工资水平。

4. 绩效工资计划

绩效工资并非新生事物，早在泰勒时代，就已经出现了以计件工资、计时工资、差别计件工资等绩效工资支付形式。从泰勒时代发展至今，人们已经普遍接受了按绩效支付工资的理念，即绩效工资（pay for performance）。但正如米尔科维奇和纽曼（2003）所指出，"当人们谈论绩效工资计划时，其含义往往使人们觉得模糊，会听到诸如激励计划、可变工资计划、风险报酬、风险工资报酬等诸如此类的名词，这些名词最大的共同之处在于工资观念的转变，由过去将工资视为一种权利转向了工资随个人或组织绩效的变化而变化"[3]。绩效工资计划包括绩效加薪、一次性奖金、个体现场奖金、个体激励计划、团体激励计划、收益分享计划、利润分享计划等多种形式。

"对员工贡献的重视是一项重要的工资决策，因为它直接影响员工的工作

① 乔治·米尔科维奇. 薪酬管理（第九版）[M]. 北京：中国人民大学出版社，2008.
② 乔治·米尔科维奇. 薪酬管理（第九版）[M]. 北京：中国人民大学出版社，2008.
③ 乔治·米尔科维奇. 薪酬管理（第九版）[M]. 北京：中国人民大学出版社，2008.

态度和工作行为"。绩效工资的目的是为了引导员工的行为支持组织发展目标，工资必须有助于组织吸引和保留员工，必须使高绩效成为一种对员工具有吸引力的行为选择，必须激励员工学习新的技能并逐渐培养对组织的忠诚度。员工的绩效取决于技能、知识和动机三者的交互作用，缺少任何一种要素，绩效就可能无法达到最佳水平。绩效工资计划关注的是如何提高员工的动机，"从简单意义上讲，动机包括三个要素：①对一个人而言最重要的东西是什么；②为交换需要付出这种重要的东西；③期望的行为。针对第一个要素，数据显示员工更乐于接受那些将个人的绩效、生活成本变化、资历和市场工资率等因素考虑在内的工资体系"①。

5. 工资管理

工资管理的政策是工资模型的最后一块基石，要确保"以正确方式完成正确目标的员工能够获得相应的报酬"②。

工资管理具体包括：①管理劳动力成本；②控制工资水平；③分析附加值回报；④沟通。管理劳动力成本是要控制组织员工雇佣数量、平均现金工资水平及平均福利成本；控制工资水平要选择的是一种自上而下的工资水平调控方式或是一种自下而上的预算模式；分析附加值回报是在管理顾问和研究人员的支持下，对某项组织的工资决策的附加价值进行分析，分析其对组织带来的收益；沟通是指要向所有员工沟通工资体系的构成要素，要通过工资体系向员工传递信号，什么行为重要以及什么不重要，从而加强员工对工资政策的了解，进而增强激励的价值。

随着组织的持续变革，组织管理者必须将工资管理作为组织经营管理的一部分，更好地理解、分析工资决策对员工行为和组织绩效的影响。工资体系是一种工具，与其他任何工具一样，都要对它们在实现组织目标中的有用性进行评价。

二、教师工资体系的概念界定

现代工资体系的基本框架为我们研究教师工资体系提供了很好的分析框架，借鉴工资体系的相关概念，结合教师工资的构成与特点，需要对教师工

---

① 乔治·米尔科维奇. 薪酬管理（第九版）[M]. 北京：中国人民大学出版社，2008.
② 乔治·米尔科维奇. 薪酬管理（第九版）[M]. 北京：中国人民大学出版社，2008.

资体系的相关概念进行界定，并确定本书关注的教师工资体系改革的主要内容。

1. 教师工资

《中国劳动统计年鉴》（2011）中规定，"工资总额是指各单位在一定时期内直接支付给本单位全部就业人员的劳动报酬总额。工资总额的计算应以直接支付给就业人员的全部劳动报酬为根据，工资总额包括计时工资、计件工资、奖金、津贴和补贴、加班加点工资、特殊情况下支付的工资"[①]。在义务教育的学校，教师工资是指教师进行义务教育工作而获得的各种货币形式的收入，包括基本工资、奖金和各类津补贴等。

2. 教师工资体系

教师工资体系是指政府和学校组织根据某一依据制定的各类各级教师的工资标准体系，它决定着工资结构、工资水平和工资的调整。根据现代工资体系的基本框架，教师工资体系也包括工资目标、工资等级结构、工资水平、教师贡献和工资管理五个部分。本研究重点关注的是与教师的吸引、保留与激励关系密切的工资体系构成，包括教师工资水平、教师工资等级结构和绩效工资三个核心部分。

3. 教师工资水平

工资水平（pay level）指雇主所支付的一系列劳动力费用的平均水平，义务教育教师工资水平指义务教育学校的教师一定时期内平均每人所得的货币工资额，计算公式为：报告期全部教师支付的工资总额除以报告期全部教师人数[②]。

4. 教师工资等级

教师工资等级（pay structure）是指同一教育系统内部基于不同岗位类别、工作技能水平而存在的工资差异，是岗位等级形成的纵向工资梯级及本等级岗位横向的工资等级（档次）结构，通常简称"工资结构"[③]。但由于工资结构的概念很容易与"工资构成"或"工资组合"概

[①]　国家统计局人口和就业统计司/人力资源和社会保障部规划财务司. 中国劳动统计年鉴[M]. 北京：中国统计出版社，2011.

[②]　国家统计局人口和就业统计司/人力资源和社会保障部规划财务司. 中国劳动统计年鉴[M]. 北京：中国统计出版社，2011.

[③]　李志畴. 薪酬体系设计与管理实务［M］. 南京：凤凰出版社，2012.

念相混淆，而其实质是对等级的分析与设计，因此本研究称之为教师工资等级。

5. 教师绩效工资

参照米尔科维奇和纽曼给出的定义，绩效工资是指根据员工的工作绩效，在原有基本工资的基础上增加的工资，是一种可变工资计划。在 2009 年全面实施岗位绩效工资改革后，我国义务教育教师工资由岗位工资、薪级工资、绩效工资和津贴四部分构成。本研究界定的教师绩效工资专门指其中的绩效工资部分，该部分根据国家政策规定又分成了基础性绩效工资和奖励性绩效工资，其中基础性占70%，奖励性占30%。

第二节 工资体系与教师质量间关系的经验证据

一、外部劳动力市场工资的提高使得公立学校女性教师质量下降

关于教师工资水平的争论焦点是教师的工资水平究竟是高还是低？相对工资水平对教师质量有怎样的影响？从全世界范围来看，基础教育都是以女性教师为主导的行业，因此美国许多学者重点从宏观角度探讨外部的劳动力市场变化对女性教师劳动力供给的影响。要回答的问题是，在女性劳动力就业机会的增加及社会对女性歧视减少的历史趋势下，公立学校的女性教师质量是否逐年下降？学者们提出了一个"挤出理论"（crowding thesis），该理论的观点是在出台反歧视法和公民权利不够完善的法律体系下，许多其他职业设立的门槛将许多有才能且教育程度较高的女性推向基础教育教师的行业中。但随着社会其他职业如会计、管理、法律、医学等对女性歧视程度的降低，那些本应进入教师职业的女性现在有了更多可选择其他职业的机会。因此，在教师行业相对工资没有显著提高的情况下，教师劳动力的相对质量必然会下降。

为检验教师相对工资的长期变动趋势对女性教师质量的影响，学者们利用时间序列数据开展了相关研究。Corcoran，Evans and Schwab（2004）[①] 的研

---

① Corcoran, S Evans, W. Schwab, R. 2004. Women, the Labor Market and the Declining Relative Quality of Teachers [J]. Policy Anal. Manag. 23, 449–470.

究对五项高中毕业生群体的历史调查数据（1957—1992）进行了分析，采用高中生的成绩作为女性教师质量的测量，发现女性教师的平均学业成就相比其他高中女生只有轻微的下降，但成为教师的高中生中来自学校前 1/5 的比例却急剧下降。同样，Hoxby and Leigh（2004）[①] 的研究根据美国最近的大学毕业生调查（1963—2000）数据，也发现高中时学业成绩在前 1/5 组的学生毕业后进入教师行业的概率由 20% 降低到 4%，比其他群组的降低比例都要高。Bacolod（2007a，2007b）给予多次的国家历史调查数据，对比出生于 1940—1949 和 1960—1969 群体的进入教师职业的概率，发现能力高（采用 Armed Forces Qualification Test，AFQT 成绩来测量）的人才成为教师的概率出现了急剧下降。

　　尽管学者们采用不同的样本数据，但研究结论基本一致地支持了挤出理论，证实了随着外部劳动力市场的发展，女性进入其他行业的机会和相对工资水平逐渐提高，优秀的女性进入教师行业的概率急剧下降。

二、高工资与学区招聘的教师质量之间确实存在显著的正相关关系

　　自从 20 世纪 80 年代以来，美国公立学校的教师实际工资增长要快于其他类似水平的教育与培训机构，主要是得益于许多有影响力的报告的呼吁，如 1983 年的"National Commission on Excelence in Education Report"建议只有增加教师工资才能招聘到更高质量的教师（Ballou and Podgursky，1996）。在这种背景下，美国学者们提出"Can public school buy better - qualified teachers？"即工资的增长究竟能否使公立学校吸引到高质量的教师？

　　学者们基于此问题开展了许多研究，但因教师质量采用的代理变量不同，所得结论有所差异，但多数研究还是支持增加教师的平均工资水平能够提高该学区/学校的教师质量这一观点。如 Reed and Busby（1985）[②] 则主要关注农村学校的教师招聘，通过对 Virginia 地区 67 个农村学区教育负责人的访谈，询问不同学区负责人近几年的教师招聘情况及该学区给教

---

　　① Hoxby, C Leigh, A, 2004. Pull away or Push Out? Explaining the Decline in Teacher Aptitude in the United States［J］. Am. Econ. Rev. 94, 236 - 240.

　　② Reed, D F., Busby. D. W.（1985）. Teacher Incentives in Rural Schools［J］. Research in Rural Education, 3（2），69 - 73.

师支付的薪酬状况。得出的主要研究结论是 78% 的新聘农村教师进入了那些提供较高薪酬的学区工作。其中高薪酬的内涵有所不同，63% 的学区提供有竞争力的工资；96% 的学区提供健康、养老、退休或休假等福利待遇；47% 的学区提供住房保障；35% 的学区提供交通补助。Manski（1987）① 于 1972 年和 1979 年跟踪调查了 2 952 名高中毕业生，通过建立回归方程分析教师收入对教师质量的影响，其中教师质量的测量依据的是教师在高中毕业时的 SAT 成绩和教师资格水平。得出的主要结论是：当增加教师周工资的 40% 时，仅能使教师群体的 SAT 得分从 950 增加到 972；但如果增加教师工资的同时要求 SAT 得分有一个最低要求如 800 分，这将提高教师的 SAT 平均分数至 1 020。Galchus（1994）② 的研究样本是 1984—1985 年 75 个 Arkansas 郡的学校数据，高质量教师界定依据为是否通过州的基本技能测验。Galchus（1994）的研究发现很有趣：如果增加教师工资确实能够提高潜在教师队伍的质量，同时对高质量的教师需求就会减少。也就是学校与学区的管理者会在教师质量和工资之间权衡取舍，有时会为了节约成本而雇佣质量稍差的教师。Loeb and Page（2000）③ 的研究假定，高质量教师的衡量标准是能够提高班级学生的大学参与率以及减少高中生的辍学率。在对 Columbia 学区 49 个州的公立学校微观数据（1960—1990）进行回归分析后发现，增加教师的相对工资（相对从事其他职业的大学教育程度的女性），将会降低高中生辍学率并提高毕业生的大学入学率。Stinebrickner（2001a，2001b）④的调查对象是一群特殊的高中生，他们在 1972 年参加高中学校调查，而后在

① Manski, C F. (1987). Academic Ability, Earnings, and the Decision to Become a Teacher: Evidence from the National Longitudinal Study of the High School Class of 1972 [M]. D. A. Wise (Ed.), Public Sector Payrolls. Chicago, IL: University of Chicago Press.

② Galchus, K. E. (1994). An Analysis of the Factors Affecting the Supply and Demand for Teacher Quality [J]. Journal of Economics and Finance, 18 (2), 165–178.

③ Loeb, S., and Page, M. E. (2000). Examining the Link between Teacher Wages and Student Outcomes: The Importance of Alternative Labor Market Opportunities and Non–Pecuniary Variation [J]. The Review of Economics and Statistics, 82 (3), 393–408.

④ Stinebrickner, T. R. (2001a). A Dynamic Model of Teacher Labor Supply [J]. Journal of Labor Economics, 19 (1), 196–230.
Stinebrickner, T. R. (2001b). Compensation Policies and Teacher Decisions [J]. International Economic Review, 42 (3), 751–779.

1975—1985 年间成为教师，之后一直被追踪调查直至 1986 年。该研究检验两种涨工资方案，一种是全面的工资增长 25%，另一种是平均拿出 25% 的工资但依据教师的能力来给教师涨工资。结果表明，两种方案都能增加个体未来愿意从事教育的年限；但相对来讲，基于能力的工资方案的激励效果更明显，另外男性对于工资的增加更为敏感。

为了更科学地检验工资水平与教师质量的关系，Figlio（2002）[①] 的研究在借鉴前人研究的基础上，采用两种测量教师质量的方法，并重点控制了其他因素的影响，采用了更为科学的倍差法。研究结论表明，在非工会的学区，高工资与学区招聘的教师质量之间确实存在显著的正向相关关系。

Figlio 认为影响一个学区招聘到高质量教师的因素有很多，除工资外，还有教师个体的偏好。如一些教师只希望在离家近的地方或是孩子入学方便的学区工作；还有一些非货币的因素，如学校教师的工作负担、学生的家庭背景等方面。为控制其他因素的作用，Figlio 在研究中采用了 188 所公立学校在 1987—1988 和 1993—1994 年的面板数据，并引入学校及学区层面特征来控制固定效应，从而更准确估计收入对招聘教师质量的影响。该研究的数据来自美国教育部门开展的学校与教师情况调查（SASS，1987—1988，1993—1994），选取的样本为 89 个郡 188 个学校的 2 672 名新聘教师。对于新聘教师，作者界定为在该学校工作年限小于两年的教师，并将其细分成新毕业工作和已有工作经验后转入该学校这两组样本。关于教师质量的代测量，Figlio 采用了两个代理变量，一是新聘教师毕业学校的影响力，通过该校大一新生的 SAT 平均成绩来衡量；二是教师所学专业与目前所教科目的匹配情况，如果匹配则该值为 1，否则为 0。学校和学区层面的控制变量有：学区入学人数的增长率、南部地区、教师工会覆盖的学区、学区学生规模、教师每学年工作时间、学校白人学生的比例及学校获得免费午餐学生的比例。

根据面板数据建立回归方程后，Figlio 的研究结果表明，在非工会的学区，高工资与学区招聘的教师质量之间确实存在显著的正向相关关系。

---

① David N. Figlio. Can Public Schools Buy Better-Qualified Teachers [J]. Industrial and Labor Relations Review, Vol. 55, No. 4 (Jul., 2002), pp. 686 – 699.

平均来讲，教师平均工资每提高2 525美元（一个标准差）将会使该地区招聘的教师 SAT 成绩提高 12 分，相当于招聘的教师出处由 Carnegie Mellon University 变为 American University。用教师的学用匹配指标建模的结果表明，工资每增加一个标准差，将会使招聘到对口专业教师的概率增加 11 个百分点。

三、工资是影响教师流失的重要因素

Allred and Smith（1984）[1] 在对美国犹他州 834 名离职教师的调查表明，43%的教师离开农村学校的首要原因是工资待遇低。Peter Dolton et al.（1995，2003）[2][3] 对英国和美国教师的数据分析都发现，相对工资对于教师做出任期内的离职决定有显著影响。Stinebrickner（1998，1999）[4] 对 341 名获得教师资格证的高中毕业生的追踪调查发现，工资水平与教师任职期限之间具有显著的相关关系，工资水平每提高一个标准差将会使教师继续任职 5 年的概率提高9%。Lankford, Loeb and Wyckoff（2002）[5] 的研究发现，学区内学校间的工资差异并不会使得教师在不同学校间产生流动，但在同一都市区内（metropolitan）不同学区间的工资差异将会影响教师的流动。Grissmer and Kirby（1992）[6] 对印第安纳州43 000名教师的分析发现，工资每增加 10%将会使教师流失减少 10%。

① Allred, W. E., and Smith, R. B. Proile of Utah Teachers Leaving the Teaching Profession [J]. Rural Educator. 1984, 5 (3): 2 – 5.

② Peter Dolton, Wilbert von der Klaauw. Leaving Teaching in the UK: A Duration Analysis [J]. The Economic Journal, 1995, 105 (3): 431 – 444.
Peter Dolton, Andrew Tremayne, Tsung-Ping Chung [J]. The Economic Cycle and Teacher Supply. OECD working paper, 2005.

③ Peter Dolton, Andrew Tremayne, Tsung-Ping Chung [J]. The Economic Cycle and Teacher Supply. OECD working paper, 2005.

④ Stinebrickner, T. R. An Empirica Investigation of Teacher Attrition [J]. Economics of Education Review, 1998, 17 (2), 127 – 136.

⑤ Lankford, H., Loeb, S., Wyckoff, J. Teacher Sorting and the Plight of Urban Schools: A Descriptive Analysis. Educational Evaluation and Policy Analysis [J]. 2002, 24 (1): 37 – 62.

⑥ Grissmer, D. W., Kirby, S. N. Patterns of Attrition Among Indiana Teachers: 1965—1987 (R – 4076 – LE). Santa Monica, 1992, CA: RAND.

第三节 义务教育教师工资体系改革研究要解决的核心问题

一、研究目标

本书研究义务教育教师工资体系改革的目的在于揭示我国义务教育教师工资水平、工资等级结构和绩效工资分配的现状及存在的主要问题，并基于工资理论和义务教育教师工作特点尝试解决现有问题，为未来教师工资改革提供依据和参考。

具体研究目标是：①系统梳理义务教育教师工资体系的沿革及存在的问题；②描述分析义务教育教师行业名义工资和实际工资的历史变动趋势，并与其他行业工资的变动趋势相比较；③对未来义务教育教师工资水平的设计给出几种可行性方案；④揭示现有的义务教育工资体系中工资等级结构存在的主要问题；⑤比较义务教育教师与其他行业工龄—工资结构的差异；⑥重新设计义务教育教师的等级工资结构和水平；⑦揭示学校绩效工资分配中存在的主要问题；⑧对义务教育教师实施现有绩效工资制度的合理性、分配依据、采用形式等问题进行理论探讨。

二、研究意义

学术研究的意义通常体现在理论意义和现实意义两个方面。其中"理论意义是学术研究的价值，应该在研究方向、研究方法、论证逻辑或研究基本结论上，对已有学术研究作补充和修正。现实意义是指一项研究对于现实社会问题本身的价值，主要体现在对现实社会问题的理性关怀①"。本书研究的意义也将分理论和现实两个方面来陈述。

从理论角度来讲，关于工资理论的研究近年来逐渐增多，但研究存在两多两少现象：研究企业员工工资的多，研究学校教师工资的相对较少；研究高校教师工资的多，研究义务教育教师工资的较少。本研究将运用经济学与

---

① 于建嵘. 岳村政治——转型期中国社会乡村政治体系的变迁 [M]. 上海：商务印书馆，2001.

管理学的工资理论，结合教师专业发展特点和工作特征，探讨合理的义务教育教师工资体系的理论框架，将丰富义务教育教师工资的理论研究，为教师工资制度改革提供理论指导。

从现实角度来看，本研究缘于现实义务教育教师工资中存在的主要问题，研究结果也将为国家、县（市）和学校合理设计教师工资体系、促进高素质专业化的义务教育教师队伍的建设提供政策依据。具体表现在以下几个方面：①为国家合理确定未来义务教育教师的平均工资水平提供参考标准；②为国家设计义务教育教师的工资等级结构提供工资标准表；③为学校选择适合义务教育教师工作特点的工资激励计划提出建议。

三、研究的核心问题

义务教育绩效工资改革的核心问题是如何设计义务教育教师工资水平、等级结构和绩效工资计划才能吸引、保留并激励教师努力工作，使优秀人才"进的来、留得住并干得好"，进而提高基础教育的质量。这一核心问题可以分解成以下几个子问题。

（1）我国的义务教育教师行业的工资水平呈现怎样的历史变动？与社会其他行业相比是否具有外部市场竞争力？如何合理设定义务教育教师的相对工资水平？

（2）目前我国义务教育教师工资等级结构现状如何？与其他行业相比又存在怎样的问题？如何设计符合义务教育教师专业发展特点的工资等级结构？

（3）教师绩效工资改革的实施现状如何？现有的学校绩效工资分配方案是否合理？如何设计适合义务教育教师工作特点的工资激励计划？

四、本书的结构安排

按照上述逻辑思路与问题的提出，本书将分为七个章节进行探讨，各章节的内容安排见图1-2。

第一章：教师的吸引、发展与保留：工资体系与教师质量。本章在介绍了现代工资体系的基本框架后，界定了教师工资体系的相关概念，重点从经验证据角度论述了工资体系在教师质量提升与教师队伍建设中的作用，阐明了研究教师工资体系改革的目的和意义。

第二章：教师工资体系的历史沿革：五个阶段的特征与问题。对新中国成立以来五种教师工资体系分别从教师工资水平、工资等级结构特征和教师个人贡献体现这三个角度进行了归纳和总结，并指出教师工资体系改革中存在的主要制度问题。

第三章：教师行业的入职吸引力：义务教育教师相对工资水平（1990—2010年）。本章首先综述了教师工资水平决定的理论依据及国内外研究现状，然后实证分析了我国义务教育教师相对工资水平的历史变动，基于中国劳动统计年鉴（1991—2011）年的城镇职工工资数据，选取了国民经济其他行业、公务员、工人、学历相当行业这四个参照系，检验了过去20年间我国义务教育教师工资的外部竞争力变化。

第四章：教师职业阶梯中的发展激励：义务教育教师工资等级研究。首先介绍教师工资等级的相关理论基础与研究现状，在此基础上审视了现行义务教育教师工资等级结构的特征及存在的问题，最后基于北京大学2009年的CFPS入户调查数据库，对义务教育教师与其他行业的工资等级结构进行了比较。

第五章：学校内部工资再分配的绩效激励：绩效工资改革个案研究。本章在阐述了绩效工资的相关理论、基本概念和类型以后，重点介绍了案例学校的绩效工资分配方案、分配形式及差异，剖析了学校绩效工资分配中存在的理论和现实问题。

第六章：未来义务教育教师工资体系的改革设想：工资体系模型重构。本章是对义务教育教师工资体系再设计的理论思考，针对前几章实证研究发现的教师相对工资水平过低、工资等级结构过于扁平化、绩效工资形式选择不合理等问题，对未来义务教育教师工资体系模型进行了再设计。

第七章：研究结论与展望。研究结论部分对各章得出的核心结论进行归纳，给出了相应的政策建议与启示，最后指出了未来教师工资体系改革的进一步研究方向。

教师的吸引与保留：工资体系与教师质量	第一章
↓	
中国教师工资体系历史沿革：五个阶段的特征与问题	第二章
↓	
	入职行业吸引力：工资水平研究	第三章
中国义务教育教师工资体系改革的理论考量与实践检验	职业阶梯发展激励：工资等级研究	第四章
	学校内部激励：绩效工资案例研究	第五章
↓	
未来义务教育教师工资体系改革的设想：教师工资体系的重构	第六章
↓	
结论与展望	第七章

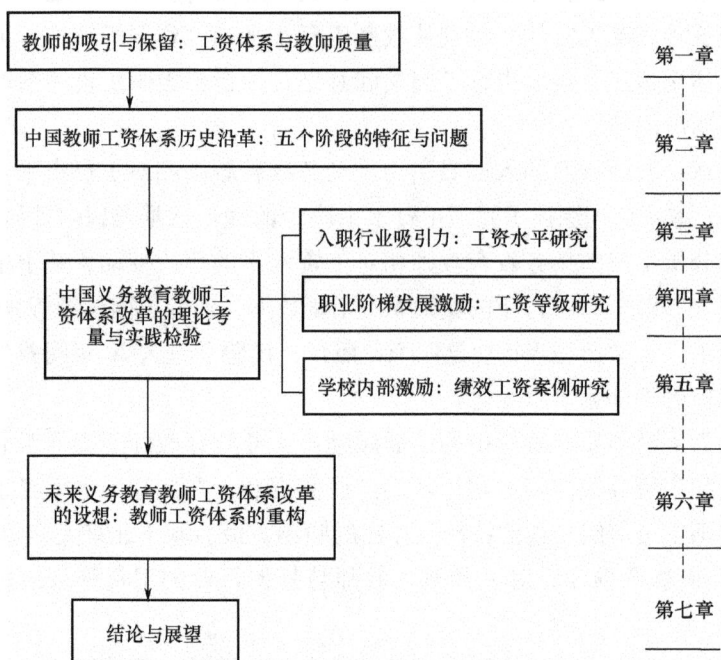

图 1 − 2　篇章结构图

第二章

中国教师工资体系的历史沿革：五个阶段的特征及问题

自新中国成立以来，我国义务教育教师工资体系的变迁大致经历了五个阶段，变迁的主线是四次重大的工资制度改革（1956，1985，1993，2006）。第一阶段是 1949 年至 1956 年 9 月，这一时期教师工资以供给制为主，实行实物折算的工资分制度；第二阶段是 1956 年 10 月至 1985 年 7 月，义务教育教师实施单一的职务等级工资制度；第三阶段是 1985 年 8 月至 1993 年 9 月，该阶段义务教育教师实行以职务工资为主的结构工资制度；第四阶段是 1993 年 10 月至 2006 年 6 月，该时期义务教育教师实行职务（技术）等级工资制度；第五阶段是自 2006 年 7 月至今，义务教育教师实施岗位绩效工资制度。

本章将基于前面构建的义务教育教师工资体系分析框架，来分别讨论不同历史阶段工资体系中的工资水平确立、内部结构的设计及如何体现个体贡献三个方面的主要特点及存在的问题，为义务教育教师工资制度的进一步改革提供依据。

第一节　工资分阶段（1949—1956）

新中国成立初期，我国经济出现了多种分配制度并存的局面。在老解放区，实行供给制、部分供给部分工资制或工资制。在新解放区一般实行以实物（小米）为工资的制度。"为统一工资分配制度，1952 年，经政务院批准，教育部发布了《关于调整全国各级各类学校教职工工资的通知》及《全国各级学校教职工工资标准表》，《通知》规定从 1952 年起，全国各类学校教职工实行以工资分为单位（按粮、布、油、盐、煤五种实物价格综合折算货币工资额的一种单位）的工资标准"[1]。

一、教师工资水平的确定

在工资分制度实施阶段，义务教育教师工资水平的设计主要考虑了实物价格、地区间消费水平的差异等因素，具体有以下几方面的特点。

---

① 中国教育年鉴（1949—1984）[M]．长沙：湖南教育出版社，1986．

1. 工资水平的制定以实物或实物价格为参照标准

在工资分制度下，全国各类学校的教职工都以粮、布、油、盐、煤五种实物价格折算的工资分作为工资发放的依据和标准。其中，每个工资分包含粮食0.8斤、白布0.2尺、植物油0.05斤、食盐0.02斤、煤2斤。工资分制度中对工资水平的制定主要是从劳动者实际消费水平和通货膨胀的角度考虑，使职工的工资水平不随物价的变动而波动，并且初步统一了全国各级各类教职工的工资标准。

2. 根据不同地区的物价水平来设计差别化的工资标准

由于不同城市地区的物价与消费水平存在差异，这一时期的工资制度设计也对地区间工资水平进行了调整。如1952年的工资制度标准设计中（见表2-1），对中等教育学校分成了大城市、中等城市和小城市三类，各类之间的工资等级相差两个，大城市比小城市要高四个工资等级，共60个工资分。同样对初等教育学校分成了大城市、中城市、小城市和乡村四类地区，各类之间平均相差20个工资分。1954年对工资标准修订后，取消了按城市和乡村分类，改为省辖市以上城市和一般地区两类。因此，该时期工资水平确立的另一特点是考虑了地区消费水平的差异，分类制定工资水平。1955年时，地区分类工资又改成了地区物价津贴制度，全国共划分了259个物价区，并规定了相应的标准。

二、教师工资等级的特征

工资等级指教师职业内不同岗位薪酬水平之间的比例关系及其构成，它强调教师职业内部工资等级数量、不同等级之间的工资级差、用于确定这些等级或极差的标准或基础。以1952年的工资设计为例，归纳得到该时期的教师工资结构呈现以下特点。

1. 中学和小学教职工依据岗位差别分别设计了六个和三个等级

在工资分制度阶段，不同地区的学校教职员工的工资结构又依据所在的工作岗位作进一步细分（见表2-1）。在中等教育学校，工资等级由高到低分成了校长、教导主任/总务主任/高级中学教员、初级中等学校教员、职工、实习工厂技工、工警六级。在初等教育学校，职位类别设置要比中等学校少，由高到低分别是校长、教导主任/教员/职员、勤杂人员三级。从分级的特征来看，主要依据的是工作性质与内容，学校内部的不同工作岗位是分级的重要基础。

2. 同一职位级别内工资变动范围在 8～14 个等级间，且相邻职级间有较高的重叠

以大城市工资区为例，最高级校长的工资范围分 11 级，对应的工资分区间为 225～450；教导主任/总务主任/高级中学教员的工资分 10 级，对应工资分在 210～425；初级中等学校教员分 11 级，工资分区间为 165～350；职工工资分 9 级，工资分在 165～308；实习工厂技工共 10 级，工资分区间是 150～308；工警分 7 级，工资分为 100～150。在初等教育学校，同样以大城市为例，校长工资等级仍为 11 级，工资分区间为 140～308；教导主任/教员/职员工资分 14 级，工资分区间是 100～285；勤杂人员分 8 级，工资分在 80～150。从不同职级的工资范围来看，义务教育各相邻职级间工资重叠度较高。

3. 相邻职位等级间工资分相差在 15～90 分之间

仍以大城市地区为例，在分别计算中等学校六个和初等学校三个等级的工资中间值后发现，工资分制度下中学校长（325）与教导主任（308）之间相差 40 分，教导主任与教师（245）相差 40 分，教师与职员（225）相差 20 分，职员与实习技工（210）相差 15 分，实习技工与工警之间相差（120）90 分。小学校长（210）与教师（165）之间相差 45 分，小学教师与勤杂人员（110）相差 55 分。

4. 全国范围内中学教职工最高与最低工资之比为 5.6∶1，小学为 4.4∶1

从表 2-1 中给出的全国工资标准来看，中等教育学校最高工资为 450 分，最低工资为 80 分，最高与最低工资之比为 5.6∶1，高低之差为 370 分。初等教育学校教职工中最高工资为 308 分，最低工资为 70 分，最高与最低之比为 4.4∶1，相差 238 分。

三、教师个人贡献的体现

在工资分制度背景下，没有对个人贡献的奖励成分，只有在个人工资定级方面会考虑教师的绩效与贡献。如在 1952 年的工资制度中，评定各级学校教职员工的工资，根据按劳取酬交叉累进工资制的原则和下列各项具体条件：①国家所规定的增加百分比及经费；②教职员工的德、才、资（学历、经历、服务

附表一

表2-1 全国各级学校教职员工资表

全国各级学校教职员工工资标准表

1952年7月10日

等级	1	2	3	4	5	6	7	8	9	10	11	12	13	14	15	16	17	18	19	20	21	22	23	24	25	26	27	28	29	30	31	32	33	34	35
工资分	1100	1000	940	880	820	760	700	650	600	550	500	450	440	425	375	350	325	308	285	265	245	225	210	195	180	165	150	140	130	120	110	100	90	80	70

中等学校

大城市：校长；教导主任、总务主任、高级中等学校教员；初级中等学校教员；职员；实习工工技工；工警

中城市：校长；教导主任、总务主任、高级中等学校教员；初级中等学校教员；职员；实习工工技工；工警

小城市：教导主任、高级中等学校教员；初级中等学校教员；职员；工警

续表

等级	1	2	3	4	5	6	7	8	9	10	11	12	13	14	15	16	17	18	19	20	21	22	23	24	25	26	27	28	29	30	31	32	33	34	35
工资分	1100	1000	940	880	820	760	700	650	600	550	500	450	440	425	375	350	325	308	285	265	245	225	210	195	180	165	150	140	130	120	110	100	90	80	70
初等学校 大城市																							校长				教导主任、教员、职员			勤杂人员					
初等学校 中城市																									校长	教导主任、教员、职员				勤杂人员					
初等学校 小城市																								教导主任、教员、职员		校长							勤杂人员		
初等学校 乡村																								校长					教导主任、教员、职员					勤杂人员	

注：该表取自《中国教育年鉴》(1949—1984)。

年限），其中以德才为主，资历次之；③当地的生活程度；④原来的工资待遇；根据上述四个方面的条件，再参考工资标准表的范围进行具体评定。义务教育教职员，城乡可以互相交叉累进，以克服同等条件的教师城乡待遇过分悬殊的现象；⑤特级教育工作人员的工资，根据个人具体情况，提请中央人民政府政务院审查批准后予以确定。由此可知，工资评级中对教师德、才、资的考虑及特级教育工作人员的评定是工资分制度中个人贡献体现的主要方面。

第二节　等级工资制阶段（1956—1985）

1956年，我国开始了第一次全国性的工资制度改革。改革的背景是新中国成立后，国家自1953年开始实施第一个五年计划，随着国民经济的发展，劳动生产率的提高，国家财政趋于好转，改善人民生活被提上议事日程。新中国成立初期的供给制、工资分制已不能适应经济发展的需要，不能体现按劳分配的原则，无法调动职工的工作积极性。1956年，我国正处于社会主义建设和改造的高潮期，为调动广大职工的积极性，争取提前完成五年计划的目标，国务院决定进行一次全国性的工资制度改革。

1956年7月，国家发布《关于工资改革的决定》；同年7月，教育部发出《关于1956年全国普通教育、师范教育事业工资改革的指示》，要求实行统一的职务等级工资制，制定并下发全国中学教员、行政人员工资标准表。职务等级工资制是根据教师担任的职务不同来设计工资标准，不同的职务有不同的工资标准，而对同一职务又划分了若干等级，每个教师都在职务规定的工资等级范围内评定工资。

一、教师工资水平的确定

1. 取消实物折算工资分，新的货币工资标准比之前有较大提高

随着国民经济的发展和物价的稳定，城乡人民生活水平逐步提高，以五种实物（粮、布、油、盐、煤）折算工资分的办法，已经不能满足教师实际生活的需要，并且难以体现"按劳取酬"和"同工同酬"。另外，工资分制度本身也还存在着其他缺陷，于是义务教育教师工资在国家工资改革的背景下，开始以货币作为工资确定的依据和标准。新的"工资标准表"使得义务教育教师平均工资水平有较大的提高，全国公立小学教师的月平均工资比调

整前提高了 32.88%，即由 30.2 元增加到 40.13 元；教育部所属各项事业单位教职工的月平均工资比调整前高了 28.72%[①]。

2. 工资标准的设立与调整以国家机关工作人员为参照

在等级工资制度时期，义务教育教职工工资的确立基于国家机关工作人员的标准，工资的升级与调整也是以国家机关工作人员的等级为参照。如在全国中学教员工资标准表中，第 11、12 级标准的确定就是按照 1963 年的规定，以国家机关工作人员工资标准的 25、26 级来设定。"再如 1963 年教育部根据中共中央、国务院关于调整一部分职工工资的决定，安排了各级学校的工资调整。党政干部的升级面，相当于国家机关 17 级到 14 级的干部升级面为 25%，13 级至 11 级的为 5%，10 级以上的不升级，其余人员的调级面为 40%。在 1977—1981 年中四次调整了教职工的工资。以 1977 年的调整为例，教育部对相当于国家机关 18 级以下干部的教职工，按 40% 的升级面调整了工资级别[②]。"

3. 考虑地区差异，在全国实施十一类地区工资标准

此次工资改革的一项重要内容是根据各地的自然环境、物价指数、生活水平的差异实施不同的工资区类标准，适当照顾生活条件艰苦的地区。"改革后，全国共分为 11 类工资区，物价高的地区实行津贴制，各类工资区的同一等级的工资标准之间的工资系数在 3% 左右，五类与六类之间为 2.75%，最高十一类区比最低一类区工资系数高出 30%"[③]。这种地区间划分改变了过去只有省辖市以上城市和一般地区这种简单的两类划分，更符合我国的实际情况，有利于义务教育教师工资制度的宏观管理。

二、教师工资等级的特征

第一，中学和小学教员工资分别有 10 级和 11 级，中学和小学行政人员工资分别有 3 级和 2 级，且两类群体工资结构的设计依据有所不同。

此次工资改革的一个主要特点是对教学人员、行政人员分别建立了两张工资标准表，将学校技工、炊事员等工勤人员分离出去，按国家机关同类工作人员工资标准执行。中学教员工资共分成了 12 级，小学教员工资分成了 10 级，教师定级依据的是劳动态度、能力及贡献。中学行政人员又依据岗位分成了中

①　刘英杰. 中国教育大事典［1949—1990（上）］［M］. 杭州：浙江教育出版社，1993.
②　刘英杰. 中国教育大事典［1949—1990（上）］［M］. 杭州：浙江教育出版社，1993.
③　陈少平，张绘屏. 国家机关和事业单位工资制度变革［M］. 北京：中国人事出版社，1990.

学校长、总务主任和一般职员三个等级，不同等级有相应的等级范围及标准。其中"中学校长"职务线内包括正、副校长及正、副教导主任。小学行政人员分类相对简单，只分成了小学校长和一般职员两级，其义务教育校长职务线内包括正、副校长及正、副教导主任。因此，对教师的工资结构设计主要依据人的能力和技能，而对行政人员的结构设计则依据的是岗位和职务。教师及行政人员工资标准见图2-2至图2-5。

表2-2　全国中学教员工资标准表　　　　　　　单位：元

级别	工资标准										
	一	二	三	四	五	六	七	八	九	十	十一
1	130.0	134.0	138.0	141.5	145.5	149.5	153.5	157.5	161.0	165.0	169.0
2	108.0	111	145.5	117.5	121.0	124.0	127.5	130.5	134.0	137.0	140.5
3	88	90.5	93.5	96.0	98.5	101.0	104.0	106.5	109.0	112.0	114.5
4	78	80.5	82.5	85.0	87.5	89.5	92.0	94.5	96.5	99.0	89.5
5	69	71	73	75.0	77.5	79.5	81.5	83.5	85.5	87.5	79.5
6	61	63	64.5	66.5	68.5	70.0	72.0	74.0	75.5	77.5	79.5
7	54	55.5	57.0	59.0	60.5	62.0	63.5	65.5	67.0	68.5	70.0
8	47	48.5	50.0	51.0	52.5	54	55.5	57	58.5	59.5	61
9	41	42	43.5	44.5	46	47	48.5	49.5	51	52	53.5
10	37	38	39	40.5	41.5	42.5	43.5	45	46	47	48

注：本标准包括高、初中教员。工资标准由教育部1956年7月发布，共10个级别，执行11种工资区级别。该表来自：陈少平，张绘屏. 国家机关和事业单位工资制度变革［M］. 北京：中国人事出版社，1990.

表2-3　全国小学教员工资标准表　　　　　　　单位：元

级别	工资标准										
	一	二	三	四	五	六	七	八	九	十	十一
1	75	77.5	79.5	82	84	86.5	88.5	91	93	95.5	97.5
2	66	68	70	72	74	76	78	80	82	84	86
3	58	59.5	61.5	63	65	66.5	68.5	70	2	73.5	75.5
4	51	52.5	54	55.5	57	58.5	60	61.5	63	65	66.5
5	46	47.5	49	50	51.5	53	54.5	55.5	57	58.5	60

续表

级别	工资标准										
	一	二	三	四	五	六	七	八	九	十	十一
6	41	42	43.5	44.5	46	47	48.5	49.5	51	52	53.5
7	36	37	38	39	40.5	41.5	42.5	43.5	44.5	45.5	47
8	32	33	34	35	36	37	38	38.5	39.5	40.5	41.5
9	28	29	29.5	30.5	31.5	32	33	34	34.5	35.5	36.5
10	25	26	26.5	27.5	28	29	29.5	30.5	31	32	32.5
11	23	23.5	24.5	25	26	26.5	27	28	28.5	30	30

注：该表来自陈少平，张绘屏．国家机关和事业单位工资制度变革［M］．北京：中国人事出版社，1990.

表2-4 全国中学行政人员工资标准表 单位：元

级别	工资标准											职务等级线		
	一	二	三	四	五	六	七	八	九	十	十一			
1	135	139	143	147.0	151.0	155.5	159.5	163.5	167.5	171.5	175.5	中学校长		
2	120	123.5	127	131.0	134.5	138.0	141.5	145.0	149.0	152.5	156.5			
3	108	111	114.5	117.5	121.0	124.0	127.5	130.5	134.0	137.0	140.5			
4	96	99	102	104.5	107.5	110.5	113.5	116.0	119.0	122.0	125.0			
5	86	88.5	91	93.5	96.5	99.0	101.5	104.0	106.5	109.0	112.0		总务主任	
6	76	78.5	80.5	83.0	85.0	87.5	89.5	92.0	94.0	96.5	99.0			
7	68	70	72	74.0	76.0	78.0	80.0	82.5	84.5	86.5	88.5			
8	61	63	64.5	66.5	68.5	70.0	72.0	74.0	75.5	77.5	79.5			
9	54	55.5	57	59.0	60.5	62.0	63.5	65.5	67.0	68.5	70.0			
10	48.5	50	51.5	53.0	54.5	56.0	57.0	58.5	61.5	63.0			一般职员
11	43	44.5	45.5	47.0	48.0	49.5	50.5	52.0	53.5	54.5	56.0			
12	37.5	38.5	40	41.0	42.0	43.0	44.5	45.5	46.5	47.5	49.0			
13	32.5	33.5	34.5	36.0	37.0	38.0	39.0	40.0	41.0	42.0	43.0			
14	28.5	29.5	30	31.0	32.0	33.0	33.5	34.5	35.5	36.0	37.0			
15	26	27	27.5	28.5	29.0	30.0	30.5	31.5	32.0	33.0	34.0			

注：本标准由教育部1956年7月发布，执行11种工资区类别。该表来自：陈少平，张绘屏．国家机关和事业单位工资制度变革［M］．北京：中国人事出版社，1990.

表 2-5　全国小学行政人员工资标准表　　　　单位：元

级别	工资标准											职务等级表	
	一	二	三	四	五	六	七	八	九	十	十一		
1	86	88.5	91	93.5	96.5	99.0	101.5	104.0	106.5	109.0	112.0		
2	76	78.5	80.5	83.0	85.0	87.5	89.5	92.0	94.0	96.5	99.0		
3	68	70	72	74.0	76.0	78.0	80.0	82.5	84.5	86.5	88.5	小学校长	
4	61	63	64.5	66.5	68.5	70.0	72.0	74.0	75.5	77.5	79.5		
5	54	55.5	57	59.0	60.5	62.0	62.0	65.5	67.5	68.5	70.0		
6	48.5	50	51.5	53.0	54.5	56.0	56.0	58.5	60.0	61.5	63.0		
7	43	44.5	45.5	47.0	48.0	49.5	49.5	52.0	53.5	54.5	56.0		
8	37.5	38.5	40	41.0	42.0	43.0	43.0	45.5	46.5	47.5	49.0		一般职员
9	32.5	33.5	34.5	36.0	37.0	38.0	38.0	40.0	41.0	42.0	43.0		
10	28.5	29.5	31	31.0	32.0	33.0	33.0	34.5	35.5	36.0	37.0		
11	26	27	27.5	28.5	29.0	30.0	30.0	31.5	32.0	33.0	34.0		
12	24	24.5	25.5	26.0	27.0	27.5	27.5	29.0	30.0	30.5	31.0		
13	22	22.5	23.5	24.0	24.5	25.0	25.5	26.5	27.5	28.0	28.5		

注：本标准适用于小学、幼儿园及其他同等程度的学校。"小学校长"职务线内包括正、副校长及正、副教导主任。该表来自陈少平．张绘屏．国家机关和事业单位工资制度变革．中国人事出版社．1990．第83页。

　　第二，同一等级内工资标准又分成了11种，工资等级带宽在6.5~40.5之间。

　　对于相同等级的教师，国家又对其工资标准分成了11类，如中学5级教员的11级的工资范围在69~79.5元，小学5级教员的工资在46~60。对于同一等级的行政人员也分成了多个等级并对应了11个标准，如中学校长又分成8个等级，每个等级11个标准，共88个小级别，工资范围在61~175.5元；中学总务主任分六级，工资范围在48.5~112元；一般职员分九级，工资范围在26~88.5元。小学校长分八级，工资范围在37.5~112元；一般职员分九级，工资范围在22~70元。

　　第三，相邻职位级别之间相差5.8~32.5元，重叠4个工资等级。

　　每一级别的第六类工资标准可以看成该级别的中间值，以此为基准，可以看到中学教员第1级工资为149.5，第10级工资为42.5，平均相邻两级之间相差 11.5 元。同样，小学教员最高的第 1 级 （86.5）与最低的第 11 级 （26.5）相差 60 元，平均两级间相差 5.8 元。中学校长工资标准的中间值为 110.5 元，总务主任平均工资 78 元，一般职员平均工资标准 49.5 元，两两之间分别相差 32.5 元、28.5 元。小学校长 （70）与一般职员 （37.5）之间相差 32.5 元。教员系列相邻职位等级之间平均重叠 4 个标准，行政人员相邻职位之间重叠 4 个工资等级。

第四，最高工资与最低工资之比：中学教师 4.6:1，小学教师 4.2:1，中学行政人员 6.8:1，小学行政人员 5.1:1。

中学教师最高标准的工资为 169 元，最低工资 37 元，二者之比为 4.6:1，最高与最低之差为 132 元；小学教师最高工资为 97.5 元，最低工资 23 元，二者之比为 4.2:1，之差为 74.5 元。中学行政人员最高工资 （175.5 元）与最低工资 （26 元）之差为 149.5 元，之比为 6.8:1；小学行政人员最高工资 （112）与最低工资 （22）之差为 90 元，之比为 5.1:1。

三、教师个人贡献的体现

在职务等级工资制阶段，教职工工资的决定依据是工资等级与职位差别，对于个体工做贡献的工资奖励主要体现在工资评级、特级教师评选及班主任津贴三个方面。

第一，工资评级以劳动态度、技术高低和贡献大小为主要依据，采用领导和群众相结合的方法，评定每个教职工的工资级别。在这一时期，教职工工资等级的调整都是由国家计划完成，如 1979 年国务院规定从 11 月起调整 40% 的职工的工资级别，于是教育部下发通知在学校内部依据劳动态度、技术高低和贡献大小等方面评选工资升级的教职工。因此，每一次工资升级实质上是对工作成绩突出的教职工的肯定与奖励。

第二，试行特级教师制度，调动教师工作积极性。教育部和国家计划委员会于 1978 年 12 月决定在义务教育教师中试行特级教师制度，将政治思想好、业务水平高、教学经验丰富、教学成绩显著的特别优秀的教师评为特级教师。特级教师采用补贴的办法，中学教师每月补贴 30 元，小学教师 20 元。

第三，班主任津贴制度。根据 "各尽所能，按劳分配，多劳多得" 的原则，"从 1979 年 11 月起，在全国公办义务教育、班主任中试行班主任津贴制度，规定班主任达到工作要求和完成一定工作量的，每月津贴中学班主任 5 ~ 7 元，小学班主任 4 ~ 6 元"①。

第三节　结构工资制阶段（1985—1993）

1985 年，我国开始了第二次全国性的工资制度改革。这次改革的动因是"文化大革命"结束后，政治、经济状况逐步好转，特别是随着经济体制改革，单一的计划经济体制被打破，多种经济成分开始并存。1984 年，党的十二届三中全会提出实行有计划的商品经济，进而提出打破平均主义和吃"大锅饭"的做法，搞活收入分配机制。同时，由于 1956 年的工资制度已经运行了 30 年，出现了许多"劳酬不符、职级脱节"的矛盾，难以适应经济体制和社会发展的需求。

1985 年 8 月 30 日，国务院工资制度改革小组、劳动人事部发出《关于高等学校、中等专业学校、义务教育教职工工资制度改革问题的通知》，转发了国家教委制定的《义务教育教职工工资制度改革实施方案》和《关于教师教龄津贴的若干规定》，提出要教职工实行以职务工资为主的结构工资制。结构工资包括基础工资、职务工资、工龄津贴和奖励工资这四个组成部分，其中基础工资是国家对工作人员实施的最低生活保障的部分；职务工资是结构工资中的主体，体现个体的岗位差异与贡献；工资津贴包括一般工龄津贴和教师作为特殊职业的额外教龄津贴；奖励性工资是对工作成绩显著的教职工的奖励。

一、教师工资水平的确定

1. 为义务教育教师设立教龄津贴，吸引鼓励人们从事教育事业

在 1985 年的工资改革中，国家考虑到义务教育是整个国民教育体系的基础，又是培养素质优良、纪律严明的劳动大军的基础。此外，从教师的工作特点看，义务教育教师既要有相当的知识水平和文化素养，又要担任教育和照顾儿童和青少年的重要责任，脑力和体力消耗都相当大。如果工资待遇上将他们与一般职业同样对待，无疑会造成劳酬之间的明显差距，不利于稳定义务教育教师队伍，更无法吸引人才从事这一职业。所以，国家通过设立教龄津贴来缓

---

① 刘英杰. 中国教育大事典［1949—1990（上）］［M］. 杭州：浙江教育出版社，1993.

解这一矛盾。义务教育教师除了领取一般工龄津贴外，还领取发放的教龄津贴。"教龄津贴的标准如下：教龄满5年而不满10年的，每月3元；满10年而不满15年的，每月5元；满15年而不满20年的，每月7元；满20年以上的，每月10元。因此，这一时期由于义务教育教师享受了特殊的教龄津贴，1985和1986年工资增长幅度较其他行业都要高一些。1985年改革前义务教育教师平均月工资为64.3元，改革后的1986年月均工资90.1元，增长了40.1%。"①

2. 自1987年起，将义务教育教师现行工资标准提高10%

虽然自1985年工资改革后义务教育教师工资有所增长，但由于过去工资水平基础较低，所以增加工资的绝对额并不多；而且教育事业的特性决定了教师工资除了国家拨款以外，再无其他更多的收入渠道，教师的奖金和其他收入也就较低。因此，教师行业的总体工资水平仍然低于其他行业，不少教师的工资甚至低于同期毕业的工人。因此，除上述教龄津贴外，还应采取其他措施提高义务教育教师的工资水平。经过反复酝酿，1987年11月，国务院"为了改善义务教育教师工资待遇，促进基础教育事业发展"，发出《关于提高中小学教师工资待遇的通知》，规定从1987年10月起，将义务教育教师的现行工资标准提高10%。各省、自治区、直辖市也可以在不超过工资准提高10%的增资总额范围内，根据本地区实际情况，将增资总额用于调整义务教育教师内部的工资关系。这一时期，工资制度的改革对教师有所倾斜，改革力度较大，教师工资有了较大幅度的提高。

3. 改11类工资区类别为地区工资补贴

1985年工资改革时，国家决定将地区工资差别制度形式由工资区类改为地区工资补贴。新的结构工资标准以第六类工资区的水平制定，并以此为基础，另外计发一定比例的地区工资补贴。补贴比例分别为：七类工资区2.61%，八类工资区5.22%，九类工资区7.83%，十类工资区10.43%，十一类工资区13.04%。对于七类以上工资区由地区生活补贴的，生活补贴费也折算为地区工资补贴，与工资区类别折算的地区工资补贴合并计发。

4. 制订了新参加工作的教师见习期及期满后的工资标准

新参加工作的各类学校毕业生，均实行一年见习期，见习期间不实行结构工资制。其见习期、见习期间的临时工资待遇以及见习期满后应确定的职

---

① 刘英杰. 中国教育大事典［1949—1990（上）］［M］. 杭州：浙江教育出版社，1993.

务和职务工资，均按国家统一规定执行。如以六类工资区为例，"见习期间初中毕业生40元，高中、中专毕业生46元，大学专科毕业生52元，大学本科毕业生58元，取得第二学士学位的本科毕业生和未取得硕士学位的毕业研究生64元。见习期满后，新参加工作的中专、高中毕业生，分配任中学教师的，先按基础工资加职务工资之和58元的标准定级，经考核合格正式评定教师职务后，进入最低一级工资64元的标准"①。

二、教师工资等级的特征

1. 工资等级体现在职务工资部分，义务教育教师各分四个等级

在结构工资的基础工资、职务工资、工龄津贴和奖励工资四个组成部分中，职务工资所占比例最高，并体现出了工资等级差异；其他部分如基础工资部分义务教育教师和行政人员等都执行相同标准。以六类工资区为例，基础工资定位40元，工龄津贴和奖励工资所占比例较小，而且没有体现薪级差异。在新的工资结构中，中学和小学教师的职务工资分成了高级教师、一级教师、二级教师、三级教师四级。对于行政人员的工资政策中只强调了各省、自治区、直辖市人民政府参照《县（市）、区（乡）国家机关行政人员基础工资、职务工资标准表》和义务教育教师工资标准制定，没有给出明确的对应关系。

中、小学教师及行政人员基础工资、职务工资标准表见图2-6至图2-8。

表2-6　中学教师基础工资、职务工资标准表　　单位：元

职务	基础工资	职务工资标准								基础工资、劳务工资两项合计							
		一	二	三	四	五	六	七	八	一	二	三	四	五	六	七	八
高级教师	40	150	140	130	120	110	100	91	82	190	180	170	160	150	140	131	122
一级教师	40	110	100	91	82	73	65	57		150	140	131	122	113	105	97	
二级教师	40	82	73	65	57	49	42	36	30	122	113	105	97	89	82	76	70
三级教师	40	57	49	42	36	30	24			97	89	82	76	70	64		

① 《事业单位工作人员收入分配制度改革方案的实施意见》。

表 2 - 7　小学教师基础工资、职务工资标准表　　　单位：元

职务	基础工资	职务工资标准								基础工资、劳务工资两项合计							
		一	二	三	四	五	六	七	八	一	二	三	四	五	六	七	八
高级教师	40	110	100	91	82	73	65	57		150	140	131	122	113	105	97	
一级教师	40	82	73	65	57	49	42	36	30	122	113	105	97	89	82	76	70
二级教师	40	57	49	42	36	30	24			97	89	82	76	70	64		
三级教师	40	42	36	30	24	18	12			82	76	70	64	58	52		

注：摘自刘英杰. 中国教育大事典［1949—1990（上）］［M］. 杭州：浙江教育出版社，1993.

表 2 - 8　县（市）、区（乡）国家机关行政人员基础工资、职务工资标准表（6 类工资区）

单位：元

职务	基础工资	职务工资标准						基础工资、职务工资两项合计					
		一	二	三	四	五	六	一	二	三	四	五	六
县长、市长	40	130	120	110	100	91	82	170	160	150	140	131	122
副县长、副市长	40	110	100	91	82	73	65	150	140	131	122	113	105
局（科）长、区、乡长	40	82	73	65	57	49	42	122	113	105	97	89	82
副局（科）长、副区、乡长	40	65	57	49	42	36	30	105	97	89	82	76	70
科员	40	49	42	36	30	24	18	89	82	76	70	64	58
办事员	40	42	36	30	24	18	12	82	76	70	64	58	52

注：该表来自陈少平，张绘屏. 国家机关和事业单位工资制度变革［M］. 北京：中国人事出版社，1990.

2. 相同等级的职务工资又分成了 6 ~ 8 个标准，工资带宽在 30 ~ 68 元之间

新的工资标准中，中学高级教师职务工资共分八个薪级，工资范围在 82 ~ 150 元；中学一级/小学高级共分七个薪级，工资范围在 57 ~ 110 元；中学二级/小学一级共分八个薪级，工资范围在 30 ~ 82 元；中学三级/小学二级

共分六个薪级，工资范围在 24～57 元；小学三级分六个薪级，工资范围在 12～42 元。

3. 相邻职务工资等级之间的平均级差在 12～38 元之间

将第四类标准看成各等级工资的中间值，可以得到中学高级（120）与中学一级（82）的平均级差为 38 元，中学一级与中学二级（57）的级差为 25 元，中学二级与中学三级（36）的级差为 21 元。小学高级（82）与小学一级（57）的级差为 25 元，小学一级与小学二级（36）的级差为 21 元，小学二级与小学三级（24）的级差为 12 元。

4. 最高与最低工资之比：中学教师为 4.4∶1，小学教师为 4.1∶1

在实行结构工资后，以六类工资区为例，中学教师最高的工资标准是基础工资 40 元，职务工资 150 元。套改后 10% 的提高工资 19 元，工龄工资按最高 40 年计算，每工作一年每月 0.5 元，共计 20 元。教龄津贴最高标准 10 元，班主任津贴 7 元，奖金按规定从行政经费节支，过去的标准是 5 元，如果该教师再获得了特级教师称号每月 30 元，共可领取 281 元的最高工资。最低工资为见习期满进入最低一级的教师工资为 64 元，无工龄津贴、教龄津贴和奖金成分。因此，中学最高与最低教师工资之差为 217 元，二者之比为 4.4∶1。类似地，小学教师可领取的最高工资为基础工资 40 元，职务工资 110 元，工龄津贴 20 元，教龄津贴 10 元，班主任津贴 6 元，奖金 5 元，特级教师 20 元，共计 211 元。最低工资为见习期满进入最低一级的教师工资 52 元。小学教师最高与最低工资之差为 159 元，之比为 4.1∶1。

三、教师个人贡献的体现

结构工资制首次在工资成分构成中引入了奖励工资部分，用来奖励工作中做出显著成绩的工作人员。设立奖励工资的客观依据是：①机关、事业单位的工作人员，除了日常担负的工作职责外，还时常有些临时的、集中的突出任务，而完成这些任务，工作量较平时增大，支付的脑力和体力也较多，需要工资上对超量工作的补偿。②在平常工作中，由于工作人员积极性和素质的差别，也反映为工作成效的不同，对工作成绩显著者的报酬体现，稳定的方法是晋升等级，阶段性的方法是临时的物质奖励。奖励工资所需奖金，从行政经费节支中开支。政策没有给出奖励工资的比例和标准。

第四节　职务（技术）等级工资制阶段
（1993—2006）

　　1993 年，我国进行了第三次工资制度改革。改革的原因是党的十三大明确提出"要加快工资制度改革，逐步建立起符合企业、事业和机关单位各自特点的工资制度与正常的工资增长机制"，特别是 1992 年邓小平南行讲话加快了市场经济改革的步伐，党的十四大明确提出建立社会主义市场经济体制，国家机关开始推行公务员制度，工资制度要适应新的经济发展形势等，使得改革势在必行。此外，1985 年以来，物价波动较大，工资的调整机制并没有形成，职工实际工资水平有所下降，结构工资制度本身也存在一些弊端，需要改革和完善。

　　1993 年 11 月，国务院颁布《国务院关于机关和事业单位工作人员工资制度改革问题的通知》拉开了第三次工资改革的序幕。1994 年 2 月 5 日，人事部、国家教委印发了义务教育贯彻《事业单位工作人员工资制度改革方案》的实施意见。新的义务教育工资制度总称为义务教育职务（技术）等级工资制。"教师工资由职务（技术）等级工资和津贴两部分构成，其中职务（技术）等级工资为固定的部分，主要体现教师的工作能力、责任、贡献、劳动的繁重与复杂程度；而津贴则主要体现各类教师的岗位工作特点、劳动的数量和质量。在各个单位的工资总量构成中，职务（技术）等级工资部分占70%，津贴部分占 30%"[1]。

一、教师工资水平的确定

　　1. 义务教育教师在套改后新的工资标准基础上提高 10%

　　1993 年的工资改革中规定，"义务教育教师按照专业技术职务或职员职务，将本人的现行基础工资、职务工资、工龄津贴合并，加上此次纳入工资的现行按国家和地方规定发放的物价、福利性补贴及自行建立的津贴 64 元，就近就高套入本职务新工资标准，根据专业技术人员、管理人员的工作业绩、任职（聘任）年限、工作年限和学历综合考虑，确定相应的工资档次"[2]。套

---

　　① 人事部、国家教委印发的义务教育贯彻《事业单位工作人员工资制度改革方案的实施意见》。
　　② 国发〔1993〕79 号、国办发〔1993〕85 号《国务院关于机关和事业单位工作人员工资制度改革问题的通知》。

改后，教师工资在新的专业技术职务工资标准的基础上提高10%，这10%的工资额将随着教师个人职级晋升而变化。

2. 国家建立了每两年调整一次工资标准的增长机制

此次工资改革中规定，"国家根据经济发展情况、企业相当人员工资水平状况和城镇居民生活费用的增长幅度，参照国家机关工作人员工资标准的调整幅度，适当调整包括义务教育在内的事业单位工作人员的工资标准。自1993年10月1日起，每满两年调整一次，工资标准调整后，津贴水平相应提高，工资标准的调整由国家统一部署，任何地区和部门不得擅自进行"①。1994年1月1日起施行的教师法规定：教师的平均工资水平应当不低于或者高于国家公务员的平均工资水平，并逐步提高。

3. 建立了义务教育教师正常增资制度

义务教育教职工实行严格考核、定期升级增资的制度。考核工作按国家统一规定，并结合义务教育的具体情况组织实施。年度考核一般在学年末进行。"凡连续两年正常履行教育教学职责，经考核合格的工作人员，每两年晋升一个工资档次。考核不合格的，不得晋升。经考核优秀的专业技术人员，可以提前或越级晋升，晋升比例在单位总人数的3%以内掌握。定期升级的工资，从下一年度的一月份起发给"②。

4. 对四类艰苦地区实施地区津贴制度

改革中规定"包括义务教育在内的事业单位今后不再实行工资区类别制度，开始实行地区津贴制度"③。国家根据地区地理位置环境的艰苦程度，划分为一、二、三、四类地区，分别按每人每月平均增加14元、24元、45元和85元。2001年时，国家对上述津贴标准又提高至43元、86元、72元和300元。

5. 调整新毕业教师见习期的工资标准

新参加工作的教师在一年见习期内执行以下工资标准："初中毕业生为每月170元（含见习津贴40元，下同）；中专、高中毕业生每月180元；大学

---

① 国发〔1993〕79号、国办发〔1993〕85号《国务院关于机关和事业单位工作人员工资制度改革问题的通知》。

② 国发〔1993〕79号、国办发〔1993〕85号《国务院关于机关和事业单位工作人员工资制度改革问题的通知》。

③ 国发〔1993〕79号、国办发〔1993〕85号《国务院关于机关和事业单位工作人员工资制度改革问题的通知》。

专科毕业生每月 195 元；大学本科毕业生每月 205 元；获得双学士学位的大学本科毕业生（含学制为六年以上的大学本科毕业生，下同）、研究生班毕业和未获得硕士学位的研究生每月为 220 元；获得硕士学位的研究生每月为 240 元；获得博士学位的研究生每月为 270 元"。

二、教师工资结构的特征

1. 义务教育教师职务工资统一分为五个等级，学校行政人员工资分为四个等级

新的工资改革后，工资由职务等级工资和津贴两部分构成，职务等级工资体现了工资的等级结构。由表 2 - 9 可见，义务教育教师的职务等级整合成了一张工资标准表，共分成了五个等级，由高到低依次是中学高级教师、中学一级/小学高级、中学二级/小学一级、中学三级/小学二级、小学三级。改革后的行政人员工资等级比结构工资制阶段要更加具体明确（见表 2 - 11），学校行政人员的工资等级按照学校类型及所在地分成了四个等级，对应于事业单位职员的工资等级标准。最高等级的是重点完全中学校长/副校长/规模较大实验小学校长；第二级是其他初中与实验小学校长/县以上城市完全小学校长/乡中心完全小学校长；第三级是乡镇完全小学校长/学校中层干部；最低等级是未进入上述三级的义务教育行政人员。

表 2 - 9　义务教育教师专业技术职务等级工资表　　单位：元/月

职务等级	职务工资标准										津贴部分
	一	二	三	四	五	六	七	八	九	十	
中学高等教师	275	305	335	365	395	435	475	515	555		62 ~ 238（按在工资构成中占30%算）
中学一级教师 小学高级教师	205	225	245	265	285	315	345	375	405	435	
中学二级教师 小学一级教师	165	179	193	213	233	253	273	293	313	333	
中学三级教师 小学二级教师	150	162	174	192	210	228	246	264			
小学三级教师	145	156	167	183	199	215	231				

表 2-10　职务等级工资标准表　　　　　　　　　　单位：元

职务等级	职务工资标准										岗位目标管理津贴
	一	二	三	四	五	六	七	八	九	十	
一级	480	520	560	605	650	695					62～298（全额拨款单位，按在工资构成中占30％算）
二级	335	370	405	440	480	520	560				
三级	235	260	285	310	340	370	400	430			
四级	180	198	216	234	252	276	300	324	348	372	
五级	160	174	188	202	216	233	250	267			
六级	145	157	169	181	193	207	221	235			

表 2-11　义务教育行政职务与职务等级对应关系参考表

职员职务等级	职员工资起点	行政职务	
三级职员	二档	重点高、完全中学、重点职业中学。18 班以上的高中、24 班以上的完全中学校长	一档
	一档	其他高、完全中学，职业中学校长；24 班以上初中、规模较大的实验小学校长；第一栏所列学校副校长	二档
四级职员	二档	其他初中、实验小学校长；第二档所列学校的副校长；第一栏所列学校的中层正职	三档
	一档	县以上城市完全小学、乡中心完全小学校长；初中副校长、实验小学副校长；第二栏所列学校中层正职	四档
五级职员		乡镇完全小学校长，县以上城市完全小学副校长，未进入三、四级职员的中、小学中层干部	五档
六级职员		未进入三、四、五级职员的中、小学行政人员	六档

注：重点高、完中学系指省级教育行政部门确定的学校；上述三张表来自《中国教育年鉴》1995。

2. 同一职务工资等级内工资又分成了 7～10 种标准，行政人员工资分成了 6～10 种标准，工资范围在 86～280 元之间

新的工资表中，中学高级教师职务工资共分九个标准，工资范围在 275～555 元间，工资带宽 280 元；中学一级/小学高级共分十个标准，工资范围在 205～435 元间，工资带宽 230 元；中学二级/小学一级共分十个标准，工资区间是 165～333 元，带宽 168 元；中学三级/小学二级共分八个标准，工资范围

在 150～264 元，带宽 114 元；小学三级共分七个标准，工资范围在 145～231 元，带宽 86 元。学校行政人员职务工资最高级分七个标准，工资区间为 235～430 元，带宽 195 元。第二级分十个标准，工资范围在 180～372 元，带宽 192 元。第三级共分八个，工资范围在 160～267 元，带宽 107 元。

3. 相邻等级间教师工资相差 10～110 元，等级间工资交叉重叠四至七级标准

将第五种标准作为该级别工资的中间值，计算相邻等级间的平均级差，得到中学高级（395）与中一/小高（285）之间工资相差 110 元，中一/小高与中二/小一（233）之间职务工资相差 52 元，中二/小一与中三/小二（210）之间相差 23 元，中三/小二与小学三级教师（199）之间相差 11 元。学校行政人员最高级（职员三级）工资中间值为 340 元，第二级工资中间值为 252 元，二者相差 88 元；第二级与第三级（216）相差 36 元，第三级与第四级（193）相差 23 元。从相邻等级的工资范围可以看出，等级间平均交叠 4～7 个工资标准。

4. 最高与最低工资之比：义务教育教师为 4.3∶1，行政人员为 4.8∶1

职务等级工资制下教师工资由职务工资和津贴两部分构成，从表 2－9 中可知，中学高级教师最高可领取职务工资 555 元，津贴 238 元，教龄津贴 10 元，班主任津贴 14 元①；特级教师津贴按 1993 年新标准为 80 元/月，共计 897 元/月。最低工资为见习期满教师工资职务工资 145 元，津贴 62 元，共计 207 元/月。义务教育教师最高与最低工资相差 690 元/月，最高与最低之比为 4.3∶1。行政人员最高级别可领取职务工资 695 元，岗位目标管理津贴 298 元，共计 993 元/月。最低级别行政人员工资为职务工资 145 元，津贴 62 元，共计 207 元/月。行政人员最高与最低工资相差 786 元，最高与最低之比 4.8∶1。

三、教师个人贡献的体现

职务（技术）等级工资制度对个人贡献的奖励有了更明确的规定，具体通过课时津贴、领导职务津贴、岗位目标管理津贴和考核年终奖来体现，并规定了津贴在工资构成中所占比例为 30%。

1. 为体现多劳多得，发放课时津贴

"课时津贴是教师的教学工作津贴，以教师实际授课时数和教学质量计

---

① 根据 1988 年人事部、国家教委、财政部下文提高班主任津贴标准，初中按班级人数分别为 10 元、12 元、14 元；小学 8 元、10 元、12 元。

发。根据国家规定的教学计划，计算课时总量；根据当地和学校的具体情况，规定标准周课时，对不同学科的课程确定适当的折合系数"[①]。

2. 为体现岗位差别，设立领导职务津贴

"担任义务教育校长、教导主任及相当职务的领导人员领取领导职务津贴，津贴标准可按学校的类别、层次分别确定。义务教育校长的领导职务津贴由上一级教育行政部门确定。对于兼任教学工作的校长，按照实际的工作量同时领取教学课时津贴"[②]。

3. 为激励学校行政人员，发放岗位目标管理津贴

岗位目标管理津贴标准"根据学校行政人员的岗位责任、工作实绩确定，其中担任领导职务人员的津贴水平要与担任同级领导职务的专业技术人员的津贴水平大体平衡"[③]。

4. 在考核的基础上发放年终奖

新的工资制度引入了年终考评机制，并在考核的基础上，对合格的人员年终发给相当本人一个月工资（当年12月份职务工资与津贴之和）的奖金。年终奖由教育事业费列支。

第五节　岗位绩效工资制阶段（2006—至今）

2006年，我国开始了第四次工资制度改革。这次改革的背景是20世纪以来随着市场经济的深入发展，居民收入分配差距逐渐扩大，体现在地区间、行业间、不同群体之间，社会公平和民生成了社会关注的焦点问题。为逐步理顺我国收入分配关系，建立科学合理、公平公正的收入分配体系，充分调动广大职工的工作积极性和创造性，党中央、国务院决定，在2006年《公务员法》正式实施的第一年，改革公务员工资制度，同时改革事业单位人员的收入分配制度。

2006年6月15日，国务院、人事部发布了《关于印发事业单位工作人员收入分配制度改革方案的通知》，开始了21世纪以来首次重大的收入分配制

---

① 《关于印发高等学校、中小学、中等职业学校贯彻事业单位工作人员收入分配制度改革方案三个实施意见的通知》。

② 《关于印发高等学校、中小学、中等职业学校贯彻事业单位工作人员收入分配制度改革方案三个实施意见的通知》。

③ 《关于印发高等学校、中小学、中等职业学校贯彻事业单位工作人员收入分配制度改革方案三个实施意见的通知》。

度改革。人事部、财政部、教育部随后发布了《关于印发高等学校、中小学、中等职业学校贯彻事业单位工作人员收入分配制度改革方案的实施意见的通知》，进一步规范了包括义务教育在内的教师岗位绩效工资制度实施办法。"义务教育教师岗位绩效工资由岗位工资、薪级工资、绩效工资和津贴补贴四部分组成，岗位工资主要体现工作人员所聘岗位的职责和要求；薪级工资主要体现工作人员的工作表现和资历；绩效工资主要体现工作人员的实际业绩和贡献。津贴补贴分为艰苦边远地区津贴和特殊岗位津贴补贴"①。

一、教师工资水平的确定

1. 改革后继续实施义务教育教师10%的附加工资

新的工资构成中岗位工资由教师现任的职务和岗位执行相应的标准，薪级工资由过去的职称、任职年限和工作年限共同确定薪级标准。在套改完成后，义务教育教师在国家规定的新的专业技术人员基本工资标准的基础上分别提高10%。义务教育学校教师的平均工资水平应当不低于当地公务员的平均工资水平。

2. 缩短正常增资周期为每年一次

在过去的职务等级工资制度阶段，教师每两年考核一次，合格后自动晋升一个薪级。实行岗位绩效工资以后，规定从2006年7月1日起，对年度考核结果为合格及以上等次的义务教育工作人员，每年增加一级薪级工资，并从第二年1月起执行。

3. 基本工资标准的变动由国家适时调整

在新的工资改革方案中不再强调每满两年调整一次工资标准，而是改为："国家根据经济发展、财政状况、企业相当人员工资水平和物价变动等因素，适时调整事业单位工作人员的基本工资标准；根据经济发展和财力增长及调控地区工资差距的需要，适时调整艰苦边远地区津贴标准；根据财政状况和对特殊岗位的倾斜政策，适时调整特殊岗位津贴补贴标准"②。

4. 艰苦地区津补贴类别由四类调整为六类，津补贴标准有提高

在2006年人事部财政部关于印发《完善艰苦边远地区津贴制度实施方案》的通知中对机关事业单位的工资津补贴类别进行了调整，由低到

---

① 《关于印发高等学校、中小学、中等职业学校贯彻事业单位工作人员收入分配制度改革方案的实施意见的通知》。

② 国务院办公厅《关于印发机关、事业单位工资制度改革三个实施办法的通知》。

高依次为一类、二类、三类、四类、五类、六类。艰苦边远地区津贴标准调整为：一类区月人均 70 元，二类区月人均 130 元，三类区月人均 230 元，四类区月人均 400 元，五类区月人均 680 元，六类区月人均 1 000 元。

5. 提出工资分配向农村教师倾斜的政策导向

此次工资制度改革强调要区（县）为基础统筹义务教育学校绩效工资水平，在同一县级行政区域内义务教育学校之间绩效工资水平大体平衡，在此基础上适当向农村倾斜，有利于促进教师资源合理配置、促进义务教育均衡发展。

6. 教师岗位新参加工作人员的见习期工资标准提高 10%

"新参加工作的各类学校毕业生见习期工资标准分别为：初中毕业生每月 570 元，高中、中专毕业生每月 590 元，大学专科毕业生每月 655 元，大学本科毕业生每月 685 元，获得双学士学位的大学本科毕业生（含学制为六年以上的大学本科毕业生）、研究生班毕业和未获得硕士学位的研究生每月 710 元"[①]。改革后的政策规定在教师岗位工作的新参加工作人员，见习期、初期工资标准提高 10%。

二、教师工资等级的特征

1. 义务教育教师的岗位工资共分九级，薪级工资可分四十二级

新的工资结构中岗位工资和薪级工资都体现了工资等级差异，岗位工资的确定依据是教师的职务聘任，薪级工资则考虑教师的工作年限、学历及任职年限。从义务教育教师统一的岗位工资表 2-12 中可见，义务教育教师目前共分九级，由高到低分别为中学高级教师一级岗位、中学高级教师二级岗位、中学高级教师三级岗位、中学一级教师一级岗位/小学高级教师一级岗位、中学一级教师二级岗位/小学高级教师二级岗位、中学一级教师三级岗位/小学高级教师三级岗位、中学二级教师一级岗位/小学一级教师一级岗位、中学二级教师二级岗位/小学一级教师二级岗位、中学三级教师/小学二级教师/小学三级教师岗位。全部教师的薪级工资标准有 65 级，但结合套改办法，义务教育教师实际能达到的最高薪级为 42 级。义务教育管理人员的岗位工

---

① 关于印发《高等学校、义务教育、中等职业学校贯彻事业单位工作人员收入分配制度改革方案三个实施意见的通知》。

资，根据政策规定是按本人现聘用的岗位（任命的职务），执行相应的岗位工资标准。事业单位管理人员的岗位工资见表 2 – 12，改革后并没有给出义务教育行政管理人员与事业单位管理人员的对应关系。

2. 相同岗位的工资不再分级，同一岗位的工资差别取决于薪级工资的等级

在岗位工资等级确定了以后，不再细分更多的标准，同一岗位的工资差异主要体现在薪级工资的差别上。比如，中学高级教师的薪级变动范围在 16 ~ 41 级，对应工资范围在 317 ~ 1 109 元；中教一级/小教高级的薪级变动范围在 9 ~ 37 级，对应工资在 181 ~ 904 元；中教二级/小教一级的薪级变动在 5 ~ 32 级，对应工资在 125 ~ 944 元；中教三级/小教二级的薪级变动在 1 ~ 30 级，对应工资在 80 ~ 703 元。中学高级与中学一级薪级工资重叠 21 级，中教二级与中教三级重叠 25 级，相邻岗位间薪级工资重叠度较高。

表 2 – 12　义务教育教师基本工资标准表

岗位工资			薪级工资									
原岗位等级	岗位	工资标准	薪级	工资标准	薪级	工资标准	薪级	工资标准	薪级	工资标准	薪级	工资标准
中高一级岗	五级	1 180	1	80	14	273	27	613	40	1 064	53	1 720
中高二级岗	六级	1 040	2	91	15	295	28	643	41	1 109	54	1 785
中高三级岗	七级	930	3	102	16	317	29	673	42	1 154	55	1 850
中学一级（一级岗）小学高级（一级岗）	八级	780	4	113	17	341	30	703	43	1 199	56	1 920
			5	125	18	365	31	735	44	1244	57	1990
中学一级（二级岗）/小学高级（二级岗）	九级	730	6	137	19	391	32	767	45	1 289	58	2 060
			7	151	20	417	33	799	46	1 334	59	2 130
中学一级（三级岗）/小学高级（三级岗）	十级	680	8	165	21	443	34	834	47	1 384	60	2 200
			9	181	22	471	35	869	48	1 434	61	2 280
中学二级（一级岗）/小学一级（一级岗）	十一级	620	10	197	23	499	36	904	49	1 484	62	2 360
			11	215	24	527	37	944	50	1 534	63	2 440
中学二级（二级岗）/小学一级（二级岗）	十二级	590	12	233	25	555	38	984	51	1 590	64	2 520
中学三级/小学二级/小学三级	十三级	550	13	253	26	583	39	1 024	52	1 655	65	2 600

表2-13 教师薪级工资套改表

单位：年，元/月

套改年限（工龄）

岗位	任职年限	≤3	4	5~6	7~8	9	10~11	12~13	14	15~16	17~18	19	20~21	22~23	24	25~26	27~28	29	30~31	32~33	34	35~36	37~38	39	40~41	42~43
五级六级七级	≤2						16	17	18	19	20	21	22	23	24	25	26	27	28	29	30	31	32	33	34	35
	3~4							18	19	20	21	22	23	24	25	26	27	28	29	30	31	32	33	34	35	36
	5~6								20	21	22	23	24	25	26	27	28	29	30	31	32	33	34	35	36	37
	7~8									22	23	24	25	26	27	28	29	30	31	32	33	34	35	36	37	38
	9~10										24	25	26	27	28	29	30	31	32	33	34	35	36	37	38	39
	11~12											26	27	28	29	30	31	32	33	34	35	36	37	38	39	40
	≥13												28	29	30	31	32	33	34	35	36	37	38	39	40	41
八级九级十级	≤2			9	10	11	12	13	14	15	16	17	18	19	20	21	22	23	24	25	26	27	28	29	30	31
	3~4				11	12	13	14	15	16	17	18	19	20	21	22	23	24	25	26	27	28	29	30	31	32
	5~6					13	14	15	16	17	18	19	20	21	22	23	24	25	26	27	28	29	30	31	32	33
	7~8						15	16	17	18	19	20	21	22	23	24	25	26	27	28	29	30	31	32	33	34
	9~10							17	18	19	20	21	22	23	24	25	26	27	28	29	30	31	32	33	34	35
	11~12								19	20	21	22	23	24	25	26	27	28	29	30	31	32	33	34	35	36
	≥13									21	22	23	24	25	26	27	28	29	30	31	32	33	34	35	36	37

续表

套改年限（工龄）

岗位	任职年限	≤3	4	5~6	7~8	9	10~11	12~13	14	15~16	17~18	19	20~21	22~23	24	25~26	27~28	29	30~31	32~33	34	35~36	37~38	39	40~41	42~43
十一级	≤2		5	6	7	8	9	10	11	12	13	14	15	16	17	18	19	20	21	22	23	24	25	26	27	28
	3~4			7	8	9	10	11	12	13	14	15	16	17	18	19	20	21	22	23	24	25	26	27	28	29
	5~6				9	10	11	12	13	14	15	16	17	18	19	20	21	22	23	24	25	26	27	28	29	30
十二级	7~8					11	12	13	14	15	16	17	18	19	20	21	22	23	24	25	26	27	28	29	30	31
	9~10						13	14	15	16	17	18	19	20	21	22	23	24	25	26	27	28	29	30	31	32
	≥11							15	16	17	18	19	20	21	22	23	24	25	26	27	28	29	30	31	32	33
十三级	≤3	1	2	3	4	5	6	7	8	9	10	11	12	13	14	15	16	17	18	19	20	21	22	23	24	25
	4~6		3	4	5	6	7	8	9	10	11	12	13	14	15	16	17	18	19	20	21	22	23	24	25	26
	7~9				6	7	8	9	10	11	12	13	14	15	16	17	18	19	20	21	22	23	24	25	26	27
	10~12						9	10	11	12	13	14	15	16	17	18	19	20	21	22	23	24	25	26	27	28
	13~15							11	12	13	14	15	16	17	18	19	20	21	22	23	24	25	26	27	28	29
	≥16									14	15	16	17	18	19	20	21	22	23	24	25	26	27	28	29	30

（注：依据国人部发〔2006〕56号、国人部发〔2006〕59号文件绘制）

3. 相邻岗位等级间的岗位工资相差 30～150 元，三大类相邻岗位的薪级工资相差 174～204 元

从表 2－12 中可见，教师岗位工资的九级之间从高到低相邻两级的级差分别为 140 元、110 元、150 元、50 元、50 元、60 元、30 元、40 元。42 个薪级工资工资间平均相差 26.2 元。其中，级差最大的是中学高级教师三级岗位与中学一级教师一级岗位之间相差 150 元，级差最小的是中学二级与小学一级岗位相差 30 元。在薪级工资中，只考虑三大类岗位，即中学高级、中教一级/小教高级和中教三级/小教二级。中学高级教师的中间薪级为 29 级，工资标准 673 元；中教一级/小教高级的中间薪级为 23 级，工资为 499 元；中教三级/小教二级中间薪级为 15 级，工资标准 295 元。上述相邻岗位之间的平均级差分别为 174 元、204 元。

4. 义务教育教师最高与最低工资之比为 3.6∶1，最高与最低工资之差为 2 121.75元

改革后的工资构成包括岗位工资、薪级工资、津贴补贴及绩效工资。义务教育教师最高的工资为岗位工资1 180元，薪级工资1 154元，10% 的附加工资 233.4 元，教龄津贴 10 元，班主任津贴 14 元，特级教师津贴 80 元。不考虑地方补贴和改革工资增量的情况下，估算绩效工资为 267.1 元，合计为 2 938.5元。最低工资为初入职的小学教师工资，岗位工资 550 元，薪级工资按规定执行第 5 级标准 125 元，10% 的附加工资 67.5 元，绩效工资类似的估算 74.25 元，合计 816.75 元。最高工资与最低工资之差为2 121.75元，最高与最低工资之比为 3.6∶1。

教师薪级工资套改表见表 2－13。

三、教师个人贡献的体现

岗位绩效工资中突出强调了基于绩效来支付教职工薪酬，要求"绩效工资分配要充分体现义务教育工作特点，以工作人员的实绩和贡献为依据，坚持多劳多得的原则，适当拉开分配差距；坚持向一线教师、骨干教师，特别是做出突出成绩的优秀教师倾斜，充分发挥绩效工资的激励导向作用"[①]。具

---

① 人事部财政部教育部关于印发《高等学校、义务教育、中等职业学校贯彻〈事业单位工作人员收入分配制度改革方案〉三个实施意见》的通知。

体体现在以下几个方面。

1. 奖励性绩效工资占教师工资的比例约 9%

实施绩效工资以后，教师工资由基础工资和绩效工资两大部分构成，其中基础工资包括岗位工资和薪级工资，约占月工资总额的 70%；绩效工资约占 30%。而绩效工资中有 70% 为基础性绩效工资，平均发放；另 30% 为奖励性绩效工资，体现激励作用。由此可知，奖励性绩效工资在教师月工资总额中所占的比例约为 9% 左右。

2. 义务教育教师根据绩效考核评价结果来分配绩效工资

而"教师绩效考核的内容主要是：教师履行《义务教育法》《教师法》《教育法》等法律法规规定的教师法定职责，以及完成学校规定的岗位职责和工作任务的实绩，包括师德和教育教学、从事班主任工作等方面的实绩"①。

3. 对义务教育的收入分配建立了激励约束机制

上级主管部门对义务教育学校领导进行考核，并根据学校考核情况分配义务教育学校领导的绩效工资。对于实施素质教育、改变薄弱学校和提高办学水平方面有突出贡献的校长，给予倾斜。

4. 对学校团队进行激励

新的改革方案中要求"基于义务教育公益目标的考核情况分配绩效工资总量，对那些公益目标完成好的并且考核成绩优秀的义务教育学校，适当增加绩效工资分配的总量；而对于公益目标完成不好的、考核差的义务教育学校，将减少绩效工资的总量"。

第六节　教师工资体系改革的趋势及存在的问题

一、教师工资体系的改革趋势

我国义务教育教师工资制度经历了四次工资改革，共分成了工资分制度、单一等级工资制、结构工资制、职务（技术）等级工资制和绩效工资制度五个阶段，在不同的阶段工资水平、工资结构和个人贡献体现方面都有着不同

---

①　人事部财政部教育部关于印发《高等学校、中小学、中等职业学校贯彻〈事业单位工作人员收入分配制度改革方案〉三个实施意见》的通知。

的特征。表2-14对其主要特征进行了归纳，有以下几项主要变化趋势。

第一，工资水平的确定由过去与国民经济其他行业部门统一确定转向独立体系设计，并给予教师10%的工资提高。几次工资制度改革中对教师工资水平的确定由最初的以五种实物为定价依据，再到以国家机关人员为标准参照，最后分离出来自成独立体系制定工资水平标准，并对义务教育教师行业教师以10%的附加工资。

第二，地区间工资水平调整由最初简单的三类划分到目前四类艰苦地区津贴和农村教师津补贴。对于教师工资的调整由过去的政府主导适时调整，到后来建立了每两年一次的工资水平增长机制。对于地区间工资水平的调整，由最初按大、中、小城市划分的三类工资标准，增加至全国的11类工资区标准/津补贴，再到现行的对四大类艰苦地区县实施相应标准的津补贴，并鼓励各县设立农村地区津补贴项目。

表2-14 我国四次教师工资制度改革的比较

工资制度	第一阶段 1949—1956	第二阶段 1956—1985	第三阶段 1985—1993	第四阶段 1993—2006	第五阶段 2006—现在
制度名称	工资分制度	等级工资制	结构工资制	职务工资制	岗位绩效工资制
工资构成	工资分	级别工资	基础工资、职务工资、工龄津贴、奖励工资	专业技术职务工资（70%）、津贴（活工资30%）	岗位工资、薪级工资、绩效工资、津贴补贴
工资水平确定与调整	1. 以五种实物价格为依据 2. 根据地区物价水平差异设计	1. 执行货币工资制 2. 工资调整以国家机关人员为参照 3. 全国分十一类工资区	1. 义务教育教师工资增加10% 2. 设立义务教育教师教龄津贴 3. 改11类工资区为地区工资补贴	1. 继续实行义务教育教师工资10%附加工资 2. 国家每两年调整工资标准 3. 对四类艰苦地区实施津贴制度	1. 继续实行义务教育教师工资10%附加工资 2. 国家适时调整工资标准 3. 四类艰苦地区调整为六类津贴 4. 向农村地区倾斜

续表

工资制度	第一阶段 1949—1956	第二阶段 1956—1985	第三阶段 1985—1993	第四阶段 1993—2006	第五阶段 2006—现在
工资增长机制	无	无	无	凡考核合格者每两年晋升一个工资等级	凡考核合格者每年晋升一个薪级工资等级
工资决定依据	等级	级别	职务、资历、绩效	职称、绩效	岗位、资历、绩效
工资等级数量	1. 中学教职工六级 2. 小学教职工三级	1. 中学教员十二级 2. 小学教员十级 3. 中学行政人员三级 4. 小学行政人员二级	1. 中学教师四级 2. 小学教师四级	1 义务教育教师职务工资一共分成了五个等级 2. 行政人员分成了四个等级	1. 义务教育岗位工资共分九级 2. 薪级工资可分四十二级
同级别工资范围	50～225 分	6.5～40.5 元	30～68 元	86～280 元	–
相邻等级间级差	15～90 分	5.8～32.5 元	12～38 元	10～110 元	相邻岗位工资差 30～150 元；相邻薪级平均差 26.2 元
最高工资与最低差值	中学：370 工资分 小学：238 工资分	中学教师：132 元 小学教师：74.5 元 中学行政人员：149.5 元 小学行政人员：90 元	中学：217 元 小学：159 元	义务教育教师：690 元 行政人员：786 元	2 121.75 元

工资制度	第一阶段 1949—1956	第二阶段 1956—1985	第三阶段 1985—1993	第四阶段 1993—2006	第五阶段 2006—现在
最高工资与最低工资之比	中学 5.6:1 小学 4.4:1	中学教师 4.6:1；小学教师 4.2:1；中学行政人员 6.8:1；小学行政人员 5.1:1	中学教师：4.4:1 小学教师：4.1:1	义务教育教师：4.3:1 行政人员：4.8:1	义务教育教师：3.6:1
个人贡献工资体现	1. 工资升级评定 2. 特级教育工作者评选	3. 工资升级人员评定 4. 特级教师补贴，中学 30 元/月，小学 20 元/月 5. 班主任津贴，中学 5～7 元，小学 4～6 元	奖励工资的分配，依据是超过量补偿与成绩显著人员	1. 课时津贴 2. 领导职务津贴 3. 职员岗位目标管理津贴 4. 一个月工资的年终奖	1. 教师绩效工资的分配依据师德和教育教学、从事班主任工作 2. 建立学校领导收入分配机制 3. 在学校间绩效工资总量分配时依据学校公益目标完成情况

　　第三，教师工资等级数量有所增加，相邻等级工资的级差绝对值增大。与最初的工资制度中中学教师分六级，小学教师分三级相比，现有的工资体系中教师工资等级数量增加至小学六级，中学九级，且薪级工资共分了四十二级。从历次改革的级差大小变化来看，从工资分制度下的相差 15～90 分，到等级工资制度下相差 5.8～32.5 元，再到结构工资制下相差 12～38 元，职务工资制相差 10～110 元，最后到现行工资制度下相邻岗位的月工资只相差 30～150 元，总的来讲级差的名义货币价值是在增加，但若考虑通货膨胀

因素，实际的工资级差未必有增加。

第四，教师个人贡献的体现由工资评级、特级教师评选到现有的工资结构中专门设立绩效工资体现贡献差异。在工资分和等级工资制度阶段，奖励工作表现突出的教师的工资表现形式是通过评定特级教师获得相应补贴，或者在工资升级中优先考虑，这意味着晋升与获得荣誉称号是教师工资体系中激励教师的主要手段。到了结构工资制度下，设立了奖金体现个人贡献，但该奖金从行政经费中列支，比例较小。到了绩效工资制度阶段，设立了绩效工资作为工资组成部分之一，但这一部分能否体现教师个体贡献以及如何体现还没有统一的绩效考核评价标准，取决于县市和各学校自行制定的分配方案。

二、工资体系存在的主要制度问题

在系统梳理了几次工资制度的变迁之后，研究发现工资制度改革中仍然存在许多制度上的缺陷和问题，在此将一并探讨。

第一，义务教育教师工资水平的确立缺少科学合理的市场参照系为依据。几次改革后，教师工资标准体系已从国家机关人员工资体系中分离出去，开始建立符合教师专业技术特点的独立序列，且这种分离是合理的；但同时存在的弊端是，教师工资水平的制定不再具有合适的参照系。虽然，国家在1994年的教师法中就强调了义务教育教师平均工资不低于公务员工资水平，但由于公务员实行的是等级工资制度，教师实施的岗位绩效工资制度，两者之间本身存在较大的差异，无法明确教师的各级岗位与公务员级别的对应关系。此外，"比照内涵不明确（仅比照工资还是比照实际收入），比照项目不一致（公务员收入项目比教师绩效工资多，包括年终奖、加班费、饭补等），同一项目的标准差异大（公务员标准高于教师）"[1]。另外，教师工资调整缺少公务员工资调查的制度与方案。在公务员工资标准调整政策中明确指出，"国家建立工资调查制度，每年对公务员和企业相当人员的工资水平进行调查比较，调查比较结果作为调整公务员工资水平的依据。国家根据调查结果，适时调整机关工作人员基本工资标准。[2]"但对于教师工资的调整方案中并没

---

① 杨建芳，王蓉. 义务教育教师与公务员的收入比较 [J]. 教育与经济，2008（4）.
② 关于印发《公务员工资制度改革实施办法》的通知，国人部发〔2006〕58号。

有这一制度规定，使得教师工资标准的设立没有遵循市场规律和原则。

第二，教师工资等级的最高与最低的工资之差变大，但比值逐渐变小。从历次改革后教师最高与最低工资之差来看，几次改革后差距的绝对值逐渐增大。以小学教师工资为例，1956 年时最高与最低相差 74.5 元，1985 年增至 159 元，1993 年为 690 元，再到 2006 年以后变为2 121.75元。但从最高与最低的比值来看，最高与最低的差距实际上是变小了。解放初期小学教师最高工资是最低工资的 4.4 倍，1956 年时为 4.2 倍，1985 年为 4.1 倍，1993 年为 4.3 倍，到 2006 年时最高工资是最低工资的 3.6 倍。这表明，现行的工资制度中实际上使得整个教师职业发展生涯的工资收入趋于平均化，教师的收入不能够随着工作年限及职务的提升而有大幅的提高。这样扁平化的工资结构将直接影响教师职务晋升的动力及长期从事教师职业的热情。

第三，现行的工资制度没有对学校行政人员和科任教师的工资进行区别设计。在前四个工资制度阶段中，可以明显看到工资标准表中有对学校校长、教务主任等学校行政管理人员工资的区别设计，特别是等级工资制度下专门设计了教师和行政人员两类工资标准表。在职务等级技术工资制度阶段，虽没有单独设计标准表，却也明确了设立管理人员岗位津贴，对于学校内部不同岗位的人员理应获得不同的工资，这样才符合工资结构内部一致性的要求。但在实施绩效工资以后，教师工资标准表中只给出了教师的工资等级，对于学校行政管理人员的工资和津补贴都没有明确规定，而行政人员的工资设计都纳入了绩效工资部分来完成。由此产生的问题将在第六章中深入探讨。

第四，工资水平中对于农村地区的倾斜程度并没有明确的规定。现行工资制度的一个重要改革是设计了对农村地区教师的补偿性工资，以吸引更多高质量的教师去农村从教。但是，在绩效工资实施方案中只提出"对农村学校，特别是条件艰苦的学校要给予适当倾斜。也就是在学校总量核定的时候，要向农村学校和艰苦地区的学校倾斜"[1]。然而，适量倾斜的比例范围是多少？农村教师津补贴的最低标准是什么？这些问题都没有明确，使得地区之间农村教师津补贴的标准普遍较低，且差异较大。例如，笔者参与调研的广西壮族自治区 L 县农村教师津补贴标准为 16 元/月，河北省 Z 县给最偏远农村学

---

[1] 教育部关于进一步做好义务教育学校实施绩效工资中教师队伍稳定工作的通知，教人〔2009〕20 号。

校教师每月 200 元补贴。这样使得政策中对农村教师倾斜的分配导向并没有落到实处，工资分配无法体现农村教师的补偿与激励。

第五，在工资结构中没有对短缺学科教师的工资进行差异化设计。在历次改革中都没有解决的一个问题是如何根据教育行业的特殊特点及需求来制定差别化的工资。如在我国农村义务教育中音、体、美教师短缺正成为制约农村素质教育发展的瓶颈。然而，此次绩效工资改革并没有明确提出要吸引音乐、体育、美术学科的毕业生成为教师。在山东和广西调研的 132 所学校中，43.9% 的学校缺少音、体、美教师，其中音、体、美教师各缺一名的学校比例最高为 39.7%，至少缺一名教师的学校比例为 27.6%。大部分学校为达到要求，只能让非专业老师"强行开齐"这些课程，从而无法保证教育的质量，难以实现提高义务教育质量的要求。音、体、美教师的短缺一方面是由于教师编制配置的不合理造成的教师结构性缺编，另一方面主要原因是音、体、美专业毕业生的机会成本更高，这些专业如果从事非教师行业将会获得更高的工资。因此，支付给音、体、美教师的薪酬不具有市场竞争力。如何通过制定差别化的工资来吸引音、体、美专业学生进入教师行业的问题在此次绩效工资改革中并没有得到解决。

第六，初入职教师的相对工资水平较低。历次的工资制度变革中都对初入职教师的工资标准有明确的规定，并且新入职教师的工资水平也在逐渐提高。2006 年改革后规定，"见习期大学专科毕业生工资为 655 元，大学本科毕业生为 685 元，获得双学士学位的大学本科毕业生（含学制为六年以上的大学本科毕业生）、研究生班毕业和未获得硕士学位的研究生为 710 元"。根据麦可思发布的《2011 年中国大学生就业报告》显示，2010 届本科 11 个专业门类中，毕业半年后月收入最高的是经济学专业，收入为 3 023 元，最低的是教育学为 2 491 元。对 2007 届本科毕业生追踪数据的调查显示，毕业生从事金融（银行、基金、证券、期货、理财）职业类的人群三年后的月收入最高，为 7 508 元；三年后月收入最低的是从事义务教育教育的本科毕业生，月收入为 3 499 元。2007 届高职高专毕业生三年后月收入最高的职业类是矿山/石油，为 4 450 元；月收入最低的仍然是从事中小学教育的高职高专毕业生，三年后月收入为 2 366 元，涨幅为 1 053 元。因此，无论是大学毕业生起薪还是三年后的工资收入，中小学新入职教师工资都处于劣势地位。

第三章

教师行业的入职吸引力：义务教育教师相对工资水平研究（1990—2010 年）

《国家中长期教育改革和发展规划纲要（2010—2020年）》中提出，"提高教师待遇，使教师成为受人尊重的职业。"研究表明，"教师行业相对于其他行业工资水平的高低，将影响高素质人才是否选择从事教师职业，进而影响教师队伍的结构和质量。[①]"这一结论隐含的假设是，教师与非教师行业的工资差距是个体考虑是否从事教师职业的一个相对价格，非教师行业的工资水平是个体选择从教的机会成本[②]。较高的相对工资能够吸引更多人才去应聘教师岗位，从而提高未来教师队伍的质量。因此，教师行业的工资水平直接影响着教师职业的吸引力，是能否吸引优秀人才成为教师的重要因素。

本章首先阐述了工资水平决定的相关经济学理论。在理论启示下，选取国民经济其他行业、公务员、制造业工人和学历相当行业这四个参照系，并基于《中国劳动统计年鉴》（1991—2011年）的工资统计数据，对义务教育教师行业的相对工资进行了历史分析，试图对义务教育教师行业的外部竞争力给出客观的描述。

第一节 教师工资水平决定的理论及研究现状

经济学中的效率工资理论、人力资本理论和劳动价值论都从不同的角度给出了工资水平的应用价值和决定依据，这些理论将为教师工资水平的分析和标准的制定提供有益启发。

一、效率工资理论

进入20世纪70年代以来，"效率工资理论的提出成了劳动经济学中的一个最新研究成果，它开辟了工资理论研究的管理学角度的新视野，开始将工资作为促进生产率提高的一种手段，而不是生产率的结果"[③]。对于效率工资的概念，可以理解为是高于市场水平的工资，或具有外部竞争力的工资。

该理论主要的观点是，"工人的生产率取决于工资率。员工的有效供给量，或是说工作努力程度、工作绩效与工资水平的高低成正比。也就是说，

① Lankford, H., S. Loeb, J. Wyckoff. Teacher Sorting and the Plight of Urban Schools: A Descriptive Analysis [J]. Education Evaluation and Policy Analysis, 2002, 24 (1): 37–62.
② Eric Hanushek. Handbook of the Economics of Education [M]. Elsevier B. B. 2011.
③ George J. Borjas. 劳动经济学（第三版）[M]. 北京：中国人民大学出版社，2010.

企业支付的工资越高，员工的工作效率越高"①。

效率工资理论产生的激励效应的具体机制在于，在不完全信息的劳动力市场中，工资通过激励效应、逆向选择效应、劳动力流动效应、社会伦理效应对生产率产生影响。激励效应指当给员工支付较高的工资时，其偷懒而被解雇的代价很高，因此为了避免被解雇，员工将会努力工作。选择效应指企业在聘用员工时无法了解到员工的能力，但由于通常工人能力和保留工资正相关，高生产率工人愿意接受的保留工资比低生产率员工要高，因此，现行工资水平对他招募到的员工质量会产生重要影响。提高工资可以降低企业员工的流动性，从而减少企业的搜寻及其他成本。社会伦理效应作用机理是基于心理学的考虑，通常工人会相互比较其劳动收入和支出，并在此基础上改变其行为方式，即当他相信自己受到优待时，便会努力工作。

效率工资理论以具有不完全信息的异质劳动力市场为分析对象，比传统理论对完全信息和同质劳动力市场的前提假定要现实得多。传统理论把供求相等作为市场均衡的定义之一；而在效率工资理论中，均衡状态是指任何一个经济体都不愿意改变其行为的动力状态。

二、人力资本理论

人力资本理论是近几十年来经济学的重大发展之一，这一理论的创立者西奥多·舒尔茨因此获得了诺贝尔经济学奖。自 20 世纪 60 年代提出这一理论之后，经济学家开始运用人力资本理论分析劳动者技能差异的原因、个体收入差异的原因、企业对教育和培训的投资行为以及劳动力流动等问题。

"在对工资水平差异的解释上，人力资本理论或许是最有影响力的经济学理论，它的理论前提是：相对较高的收入会流向那些通过自我投资（获取额外的教育、培训及经验）提高自己潜在生产率的人"②。该理论假设人们以边际产出的价值大小为标准来获取报酬，而通过投资于教育、培训或身体健康来提高自己的生产能力将会增加个人的边际产出。个人的技能和能力的价值是为获取这些技能和能力而耗费的时间、金钱和努力的函数。因此，那些对教育程度要求较高或是经常需要昂贵的培训费用的职位（如工程师、医生），

---

① George J. Borjas. 劳动经济学（第三版）[M]. 北京：中国人民大学出版社，2010.
② E. J. Conlon, J. M. Parks. Effects of Monitoring and Tradation on Compensation Arrangements: An Experiment with Principal – Agent Dyads [J]. Academy of Management Journal, 1990, 33: 603 –622.

其工资水平应该高于那些投资要求较少的职位（如办公室文员）。随着工资水平的提高，愿意进行人力资本投资的人数就会增加，从而形成一条向上倾斜的供给曲线。事实上，不同类型的教育确实带来不同水平的工资待遇。

　　人力资本理论的启示在于，对于进行了较高层次专项人力资本投资的人员，在设计他们的工资时，应考虑在尽可能短的时间内，使他们的收入能够抵补投资成本，并获得较高的收益率，从而激励他们创造性地工作，并且形成一种促使人们进行人力资本投资、不断学习的机制。

三、劳动价值理论

　　"马克思、恩格斯的劳动价值论的核心是社会物质财富是由劳动者创造的，即劳动创造价值。因此，与此项关联的劳动者报酬应该等价交换，按劳取酬"[1]。马克思、恩格斯在论述劳动价值中，也涉及教育领域内一些经济现象和经济规律，其中教育费用是劳动力价值构成的观点、复杂劳动具有较高的经济价值的观点，对教师工资研究具有一定的启发。

　　第一，教育费用是劳动力价值的构成。马克思说"劳动力的教育费用随着劳动力性质的复杂程度而不同，这种教育费用对于普通劳动力来说是微乎其微的，包括在生产劳动力所耗费的价值总和中"[2]。恩格斯也说，"劳动力价值包括三项：劳动力本人维持生活所必需的生活资料费用的费用；养育子女生活需要的费用；劳动者发展自己的劳动力和获得一定的技能的费用"[3]。这表明，劳动者的价值由三个部分构成，即劳动者本人所必需的生活资料费用、劳动者子女所必需的生活资料费用、劳动力所受教育和训练的费用。

　　第二，复杂劳动具有较高的经济价值。马克思的劳动价值论认为，生产商品的劳动有简单劳动和复杂劳动之分。简单劳动是指一般的具有劳动能力的人都能从事的劳动，而复杂劳动是必须经过专门教育或训练，具有一定专长的劳动者才能从事的劳动。"简单平均劳动本身虽然在不同的国家和不同的文化时代具有不同的性质，但在特定的社会里是一定的；比较复杂的劳动只是自乘的或不如说多倍的简单劳动。因此，少量的复杂劳动等于多量的简单

　　① 靳希斌. 教育经济学 ［M］. 北京：人民教育出版社，2009.

　　② 马克思恩格斯全集：第 44 卷 ［M］. 北京：人民出版社，2001：200.

　　③ 马克思恩格斯全集：第 16 卷第 1 册 ［M］. 北京：人民出版社，1972：160 - 161.

劳动"①。劳动力的复杂程度与劳动者所受的教育的费用、所花费的时间、自身的价值和创造的价值都是呈正比例关系。在社会主义条件下，劳动力的工资报酬应按多劳多得的原则分配。"劳动力受教育时间越长，投入的教育费用越多，他的劳动力的复杂程度就越大，为社会创造的价值就越多，社会给他的报酬即工资待遇也就应该越多"②。

四、理论启示

效率工资理论、人力资本理论和劳动价值论对教师工资水平的研究有以下启示。

第一，根据效率工资理论，支付教师具有外部市场竞争力的效率工资，能够吸引更多的高质量人才加入教师队伍。效率工资理论认为，在不完全信息的劳动力市场中，组织制定效率工资将产生四种效应：激励效应、选择效应、劳动力流动效应、社会伦理效应。在教师劳动力市场中，由于缺少对不合格教师的退出机制和自由流动的聘任机制，上述四种效应中只有选择效应能够发挥作用。选择效应的作用机制在于，由于政府在聘用教师时无法了解到教师的个人能力，但由于教师的能力和保留工资正相关，高质量的教师愿意接受的保留工资比低质量的教师要高，因此制订高的工资水平将会吸引高质量教师前来应聘，从而增加高质量教师的供给，促进教师劳动力市场的竞争，提高教师队伍的质量。

第二，依据效率工资理论，选取义务教育教师在国民经济其他行业中的位次、与行业75%的分位数工资的差距作为其是否具有外部市场竞争力的判断标准。效率工资理论强调教师工资水平的制定一定要具有外部市场竞争力。在国家强调市场对资源配置起决定性作用的宏观背景下，确定教师的工资也必须遵循市场规律。"尽管教师资源配置还不是通过市场来进行的，但这并不意味着教师不受劳动力市场价格信号的影响。如果教师工资低于其他行业，必然导致教师这种高质量的劳动力向其他部门流动，从而导致师资的短缺，教育质量的下降"③。如何确定教师行业的外部市场呢？首先，国民经济的所有其他行业是一个宏观的外部市场，可以通过义务教育教师行业在国民经济

---

① 马克思恩格斯全集：第44卷 [M]. 北京：人民出版社，2001：58.
② 靳希斌. 教育经济学 [M]. 北京：人民教育出版社，2009.
③ 靳希斌. 教育经济学 [M]. 北京：人民教育出版社，2009.

行业中的位次来判断其外部竞争力。另外，义务教育教师的工资与市场工资水平究竟差距有多大？早在 1993 年《中国教育改革和发展纲要》中就提出的教师工资应处于社会的中等偏上水平。如何衡量中等偏上位置的工资？本文考虑选取国民经济行业 75% 分位数的工资作为参照系，分析义务教育教师工资水平与其的差距，进而评价义务教育教师工资水平的外部竞争性。

第三，根据人力资本理论，为了促进教师不断进行教育和培训的投资，必须考虑与教师学历相当的行业人员的工资水平。人力资本理论认为，通过教育和培训等形式的人力资本投资能够给投资者带来货币与非货币收益。但是否应当进行一项人力资本投资，则取决于人们对投资收益与成本的比较。由于教师职业有严格的准入资格限制，要达到标准需要进行专门的师范学习和继续培训，在入职前就需要一定的教育投资。此外，教师职业的特性决定着教师需要根据时代发展而补充和更新自己的知识，需要继续进行在职人力资本投资。为了促使教师进行人力资本投资，形成不断学习的机制，就必须要保证教师的收入能够弥补职前职后投资的成本，并且不低于其他行业同等教育程度的劳动者的教育收益。

第四，根据马克思的劳动力价值构成理论，制定教师工资水平时要考虑教师所必需的生活资料的费用。根据马克思的价值论，教师劳动者的价值由三个部分构成，即教师本人所必需的生活资料费用、教师子女所必需的生活资料费用、教师所受教育和训练的费用。对于教师教育与培训的费用，前面人力资本理论已重点强调；但对于教师和子女所必需的生活资料费用也是教师劳动价值的重要构成部分。生活资料费用主要受物价水平的影响，因此，在分析教师工资水平时必须要考虑的最低标准是要满足教师最低生活需要，也就是说必须考虑到物价因素。这对我们分析教师工资的启示是，一定要考虑扣除物价因素后的教师实际工资购买力水平。

第五，根据马克思的复杂劳动具有较高的经济价值的观点，教师的工资应比从事简单劳动的工人工资高出一定的倍数。马克思的劳动价值论认为，等量劳动领取等量产品，复杂劳动者创造的价值等于多倍简单劳动者创造的价值。教师劳动是一种复杂的、创造性的脑力劳动，只有受过专门教育或训练的人才能从事教师劳动。根据按劳分配原则，教师工资应比从事简单劳动的工人工资要高出一定的倍数。北京大学科学与社会研究中心何祚庥等学者的研究通过统计 1980—1986 年 82 个国家和地区"教师收入指数"和"工人收入指数"两项指标，得出的结论是：我国教师的收入最低应当比工业部门平均收入高出 50%。

五、国内外教师工资水平的相关研究现状

关于教师工资水平的研究隐含的假设是，教师与非教师行业的工资差距是个体考虑是否从事教师职业的一个相对价格，非教师行业的工资水平是个体选择从教的机会成本[①]。教师与其他行业比较的方法可以分为两类，一类是宏观比较，包括教师与其他行业的平均工资比较、教师工资与人均 GDP 的比较；另一类是微观的比较，基于个体收入的数据比较成为教师的大学毕业生与非教师毕业生、教师与非教师劳动者的工资差异。

1. 教师与其他行业的平均工资比较

早期的研究如 Ruml 和 Tickton（1955）[②] 对美国教师工资和其他职业工资进行了为期 5 年的比较，比较的方法是首先把当前的工资（1953 年）折算到基期（1904，1929，1947 年），然后计算从基期到当前变化的百分比，再对所有职业都进行此类计算后，比较教师职业相对经济地位的变化。研究发现，教师职业的绝对经济地位已经恶化，折算后的当期工资小于基期的工资。1953 年大城市中学校长获得的平均"实际"工资比 1904 年获得的平均工资少30%，而同期大城市中学教师实际购买力下降了 1%，教师的工资水平比铁路部门的劳动者还要低。Stigler（1950）[③] 则认为直接比较教师与其他职业的工资是不合理的，因为教师的工作时间短、1939 年美国教师免交个人所得税、20 世纪前半期公共部门养老金收益高、教师终身任职工作有保障等。为此，Stigler 根据学年长度的变化、1939 年前免除的个人所得税和养老金的价值调整了教师工资。调整后，Stigler 发现了与 Ruml 和 Tickton（1955）研究相反的结论，1900—1949 年，教师的工资要远高于普通劳动者。Snyder（1988）的研究比较的是 1950—1987 年教师工资随时间变化增长与私营企业非农产业工人收入的增长，结果发现从 1950 年的 1.13 上升到 1970 年的 1.44，随后在

---

① Eric Hanushek. Handbook of the Economics of Education［M］. Elsevier B. B. 2011.

② Ruml, B, Tickton, S. 1995. Teaching Salaries Then and Now［J］. New York：Fund for the Advancement of Education.

③ George Stigler. Employment and Compensation in Education［J］. New York：National Burea of Economi Research.

1980 年下降到 1.35 之后随着教师工资的增长，该比率达到了 1.7，表明教师工资领域有良好的增长趋势。

近期的研究如美国教育协会（American Federation of Teachers，AFT）2008 年公布的教师工资变动趋势报告，对美国教师的相对工资水平进行了多角度的分析与比较。①将美国教师的平均工资的年增长率与物价（CPI）增长率的变动进行比较，调查结果显示，在 2007 年美国教师平均工资为 51 009 美元，比 2006 年增加了 4.5%。2007 年的通货膨胀率增长率为 2.8%，教师工资首次改变了三年来一直低于物价增长率的现状。若以 2007 年为基准年，根据物价指数调整后的教师平均工资的实际购买力提高约 1.6%。②与所有工人、联邦政府公务员的根据物价水平调整后的实际工资比较，计算教师工资与所有工人工资、公务员工资的比率，发现在考虑了通货膨胀后，2007 年美国教师的工资水平与公务员大致相当，比工人工资高 8%；但退回到 10 年前时，教师工资比工人高出了 17%，因此教师相对于工人的工资实际上是下降的。此外，教师的实际工资的增长率非常缓慢，低于工人工资和公务员工资的增长速度。在 1997—2007 这 10 年间，教师平均工资增加了 2.8%，但工人工资增加了 10.7%，政府公务员增加了 2.8%。③与劳动统计局确定的 23 种需要大学学历的职业进行了比较，分析了上述职业的劳动力人数、平均工资水平，及 2002—2007 年从业劳动力数量与工资的变动百分比，发现 23 种职业 2007 年的平均工资为 72 678 美元，而教师行业平均工资仍低于其他职业 22 000 美元，相比其他职业工资低 30%。在 2002—2007 年，其他职业平均工资增加了 19%，而教师工资只增加了 15%。④新入职教师工资增长率与平均教师工资增长率的比较，与物价增长率比较，2007 年美国新入职教师的工资增长率超过了平均水平，提高了 6.2% 达到 35 284 美元。

国内学者陈赟（2002）基于中国统计年鉴的数据对 90 年代教师相对工资的变动进行了分析，相对工资的衡量主要是看教师行业在社会其他行业中的位次、教师工资随时间增长与物价水平增长的关系以及教师工资与财政收支增长速度的比较。研究发现，在过去的 90 年代里，教师行业的社会地位仅高于农林牧渔业和批发零售、贸易餐饮两个行业，且教师工资在扣除物价因素后基本没有变化，教师工资的增速一般低于财政收支的增速。陈赟建议，教师行业工资要超过社会经济行业的平均水平，位居国民经济行业中等偏上的水平。

2. 教师工资与人均国民生产总值之比的国际比较

首位诺贝尔经济学奖得主丁伯根认为，"公平的收入分配应该是每个人所实际得到的收入与预期对国民生产总值所做的贡献相等"①。从这一角度出发，另一种文献中衡量教师相对工资的方式是通过测算教师平均工资与人均国民收入之比来衡量教师的相对工资水平，既可以从时间序列的变化分析也可以与其他国家进行国际比较。Cohn 计算了美国 1929—1987 年教师工资与人均国民收入之比随时间变化的趋势，发现 1929—1940 年教师经济地位得到了改善，随后在 1940—1950 年出现急剧恶化，1950—1960 年再次有所改善，1970年以后教师职业似乎丧失其应有的地位。国内学者曲恒昌（1995）利用该指标对我国义务教育教师 1988 和 1989 年的相对工资水平进行了国际比较，结果发现发达国家教师人均收入与人均 GNP 的比值较小，通常在 1.4∶1 ~ 2∶1；发展中国家该比值较大，通常在 2.5∶1 ~ 1.6∶1。我国的教师平均工资与人均GNP 的比值在 1988 和 1989 年分别为 1.01 和 1.09，远低于发达国家和发展中国家的水平。根据比较结果，作者建议发展中国家教师工资水平与人均 GNP之比值应当高些，大概在 2.5∶1 ~ 3.5∶1 可能比较合理。

何祚庥等（1990）将平均工资收入与当年人均国民生产总值的比值定义为教师工资指数，并对世界 80 多个国家和地区 1980—1986 年教师收入水平做了考察，分别计算了教师和制造业工人的平均工资。此外，作者还根据将各国的人均 GNP 分成了七个档次，分别计算出了七个档次的经济水平国家的教师与工人工资指数的平均值，从而分析不同经济发展水平的国家中教师与工人工资指数的平均值。研究结果为：我国教师的收入指数一直徘徊在 2 左右，低于国际平均水平。根据国际经验，人均 GNP 在 300 ~ 500 美元的国家教师收入指数平均值为 6.63，工人收入指数平均值为 3.1；人均 GNP 在 500 ~ 1 000美元教师收入指数与工人收入指数分别为 3.81 和 2.52；人均 GNP 在 2 000 ~5 000美元教师收入指数与工人收入指数分别为 2.45 和 1.63；人均 GNP 在 1万美元以上的国家，教师收入指数为 1.95，工人收入指数为 1.19。按照当时我国的经济发展水平，作者认为我国的教师工资应当比普通工人工资高出一

① 栾丽云. 现实与差距——和谐视野下的中国教师工资水平研究 [J]. 现代教育管理, 2009（1）：91 – 94.

倍，教师与工人的收入比值取 1.6 ~ 1.65 比较合适。另外，作者建议一方面要提高教师的收入水准，另一方面要将不同职务教师间的工资差距拉大，使得义务教育教师最高和最低工资之比不低于 3.5。

栾俪云（2009）利用中国统计年鉴 1993—2004 年的数据，对教师工资占人均 GNP 的比例、教师行业工资在社会行业中的位次、教师工资与制造业工人工资的比较进行了统计分析。研究结论是，与社会其他行业相比，教师工资一直位于中等偏下的位置，教师工资占人均 GNP 的比例在 1.09 ~ 1.59 之间，远低于发展中国家平均水平值 2.5 ~ 3.5，并且教师工资要提高 34% 才能达到工业部门的 1.5 倍的水平。

3. 教师工资与其他大学毕业生的收入差异

Bird（1985）使用 1983 年《当前人口调查》（CPS）数据对美国东南部地区的研究，发现所有从事非教育活动的工薪劳动者拥有大学学位的平均工资收入为 19 707 美元，而相比之下公立学校教师只有 14 145 美元。即使样本中除去兼职教师，16 793 美元的教师平均工资仍大大低于其他大学毕业生的平均工资。此外，Bird 基于多元回归分析，结合教师的特征（受教育年限、经验、工作周数、性别、种族、婚姻状况和地区变量），估算如果教师选择非教学的其他职业将能赚得的收入。分析表明，教师若转换职业，收入将由 17 793 美元提高到 23 889 美元。在 Bird 和 Wakeman（1986，1988）的更新研究中，1985 年教师工资与相应大学毕业生收入之间的差距仍然存在；1986 年教师工资与非教师大学毕业生收入之间存在相当大的差距，尤其是对于那些经验丰富的劳动者。

4. 简要述评

综合已有的教师工资水平的相关研究后发现，目前国内外研究关注的是教师行业整体的水平和位置，缺少专门针对小学和初中教师工资的历史变动分析及外部行业竞争力评价，且已有的研究在对教师与社会其他行业比较过程中参照系选择较为单一，比较的对象不够全面。

第二节　教师工资水平研究的技术方法与数据来源

一、实际工资的计算方法

由于名义工资并没有考虑不同时期的物价增长因素，为科学比较教师实际工资的增长情况，本研究根据国家统计局公布的各年份的物价消费指数（CPI）对名义工资进行了调整。对于实际工资的计算，本研究选取了两个基期，在分析教师实际工资的变化趋势时以 1990 年为基期，从而更好地比较教师实际工资的变动。而在后面教师与其他参照系比较时，选取了 2010 年为基期，可以用现有货币更好地衡量二者间的工资差距。借鉴美国教师联合会 2007 年发布的教师工资报告中①对教师工资的物价调整计算方法，具体计算公式如下：

$$\text{实际工资（以 } Y \text{ 年为基期）} = \frac{\text{报告期名义工资}}{\text{报告期消费价格指数（以 } Y \text{ 年为基期）}} \times 100$$

其中，

$$\text{报告期消费价格指数（以 } Y \text{ 年为基期）} = \frac{\text{报告期消费价格指数}}{Y \text{ 年消费价格指数}} \times 100$$

二、学历相当行业的选择

本研究采用了相似系数和相关系数来刻画教育行业与其他行业学历构成的相似程度与相关程度，计算公式如下。

（1）相似系数

向量 X_i 与 Y_j 之间的相似系数计算公式为：

$$S_{ij} = \frac{\sum_{k=1}^{n} x_{ik} y_{jk}}{\sqrt{\left(\sum_{k=1}^{n} x_{ik}^2\right)\left(\sum_{k=1}^{n} y_{jk}^2\right)}} (i,j = 1,2,3\cdots m)$$

相似系数的取值在 ［0，1］ 之间，实质是两向量夹角的余弦，取值越接近 1，则表明两向量夹角越接近于 0 度，从而两者间的相似程度越高。

（2）相关系数

向量 X_i 与 Y_j 之间的相关系数计算公式为：

$$R_{ij} = \frac{\sum_{k=1}^{n} (x_{ik} - \bar{x}_i)(y_{jk} - \bar{y}_j)}{\sqrt{\sum_{k=1}^{n} (x_{ik} - \bar{x}_i)^2 \sum_{k=1}^{n} (y_{jk} - \bar{y}_j)^2}} (i,j = 1,2,3\cdots m)$$

---

① AFT. Survey and Analysis of Teacher Salary Trends 2007. http：//www. aft. org pdfs/ teacher salary survey07. pdf

相关系数的取值在 [−1, 1] 之间，当 $R_{ij} > 0$，则表明两向量正相关，当 $R_{ij} = 0$，则表明两向量互不相关；当 $R_{ij} < 0$，表明两向量呈负相关。相关系数的绝对值越大，则表明两向量之间的正负相关程度越高。

选取相似行业的标准为：当某行业与初等/中等教育的相关系数或者相似系数大于 0.75 时，就认为该行业与初等/中等教育行业的学历构成很相似。

三、数据来源与说明

教师相对工资水平的分析数据来自于《中国劳动统计年鉴》（1991—2011）的城镇职工各行业从业人员平均工资。其中，工人行业工资选取的是制造业行业从业人员的平均工资，小学教师工资为初等教育行业从业人员的平均工资，中学教师工资为中等教育行业从业人员的平均工资。由于年鉴中数据无法对初中和高中教师工资进行剥离，所以本研究采用中等教育工资近似作为初中教师的工资，因此会对初中教师工资的分析有高估的偏误。公务员工资选取机关人员的平均工资。

各行业的学历构成比分为高中以下、高中、大专、本科、研究生五类人员所占的比例，该数据同样来自《中国劳动统计年鉴》，但该年鉴中只有教育行业的从业人员学历构成，缺少小学和中学教师的学历构成，因此，本研究选取了《教育统计年鉴》相应年份的教师学历构成作为替代。

第三节　义务教育教师实际工资水平的变动趋势

一、名义工资的 20 年间增幅明显

近 20 年来，义务教育教师名义工资的增长超过了 16 倍。根据《中国劳动统计年鉴》1991—2011 年的义务教育教师行业工资数据，图 3 −1 绘制了义务教育教师名义工资的变动曲线。由图 3 −1 中可知，自 1990 年以来，义务教育教师的名义工资增长趋势明显，2010 年小学教师名义工资比 1990 年增长了 16.3 倍，中学教师名义工资增长了 16.9 倍。数据显示，小学教师的平均年工资由 1990 年的 2 054 元增长到了 2010 年的 35 419 元，中学教师年工资由 1990 年的 2 139 元增长为 2010 年的 38 457 元。因此，从名义工资的增长来看，义务教育教师工资在 20 年间有了大幅提高（详见附录 1）。

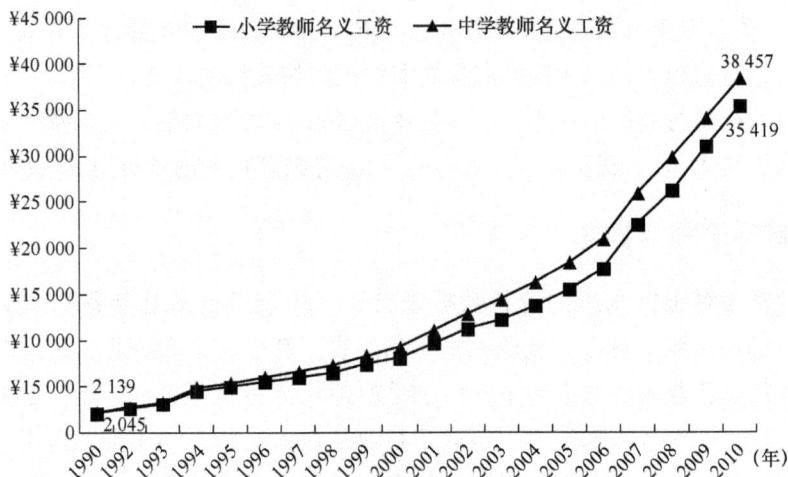

图3-1 义务教育教师名义工资的变动趋势图

二、实际工资的增长很大程度上被物价上涨所抵消

从图3-2中可见，在扣除物价因素后，义务教育教师的实际工资增长很大程度上被物价增长所抵消，实际工资增长呈以下特征。

第一，过去20年间，小学和中学教师的实际工资分别增长了5.9倍和6.2倍，远低于名义工资的16倍增长（详见附录2）。经物价调整后，1990年义务教育教师实际工资分别相当于2010年物价水平下的5 066元和5 299元，由此计算实际工资的增长要远低于名义工资的增长。

第二，从变化趋势来看，除1995年以外，其他年份的义务教育教师工资增长率均超过了物价的增长率，实际工资呈逐年提高的趋势。图中可见，义务教育教师实际工资上升趋势明显，仅在1995年出现了下降。1995年时小学和中学教师的名义工资分别比上一年提高了10.4%和9.7%，但该年消费物价指数比上一年增长了17.1%，使得该年义务教育教师实际工资出现了负增长。

第三，在1993年和2006年的两次工资制度改革后，义务教育教师的实际工资有了显著提高。从实际工资增长率来看，在过去20年间，小学教师年工资增长率在2006年岗位绩效工资改革后的第二年最高，比上一年增长了21.4%；初中教师年工资增长率则在1993年的职务技术等级工资改革后的第二年达到最高，为20.9%。

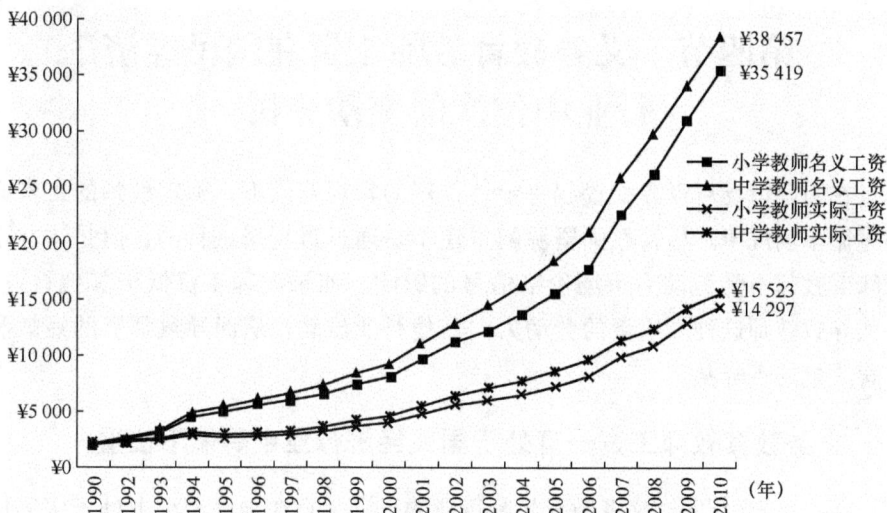

图 3－2　义务教育教师实际工资变动趋势图

第四，在1990—2010 年，小学教师平均名义年工资增长率为16.2%，初中教师平均名义年工资增长率为16.4%，物价平均年增长率为4.9%。从图3－3 中教师工资增长率与物价增长率各年份的比较来看，除1995 年教师名义工资的增长率低于物价增长率以外，其余年份教师工资的增长率均高于物价增长率。

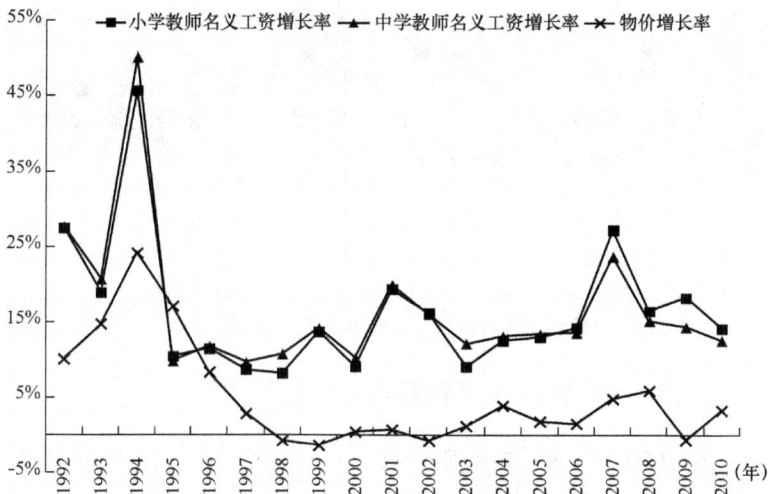

图 3－3　教师名义工资增长率与物价增长率的比较

第四节 义务教育教师工资在国民经济 行业中位次的变动分析

在强调市场对资源配置起决定性作用的宏观背景下，确定教师的工资必须遵循市场规律。尽管教师资源配置还不是通过市场来进行的，但是这并不意味着教师不受劳动力市场价格信号的影响。如果教师工资低于其他行业，必然导致教师这种高质量的劳动力向其他行业流动，从而导致师资的短缺和教育质量的下降①。

一、义务教育教师工资一直处于国民经济行业中等偏下位置

在过去 20 年间，义务教育教师行业的工资一直在国民经济中处于中等偏下位置，小学教师工资位于第 10~16 位，中学教师工资位于第 9~14 位。不同的行业划分标准下，义务教育教师的位次有以下变化。

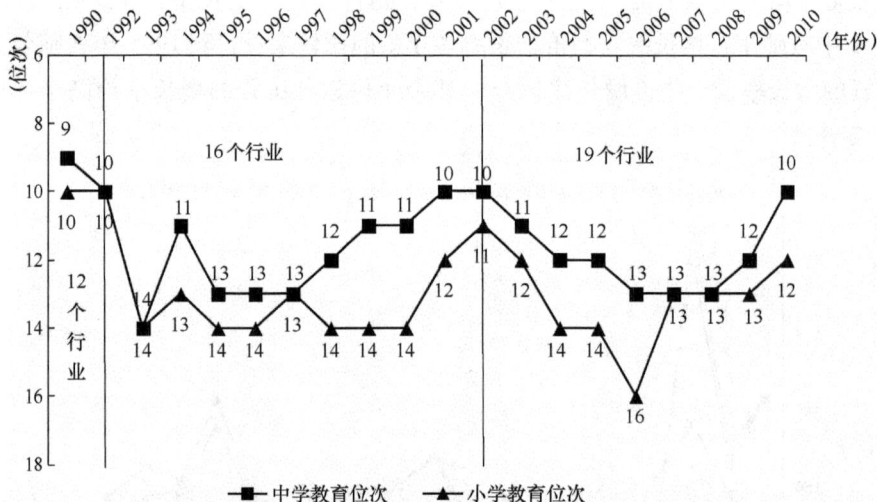

图 3-4 初等、中等教育在国民经济行业中的位次变动

第一，在 1990 和 1992 年我国的 12 个行业划分中，若将细分的小学教育

---

① 靳希斌. 教育经济学 [M]. 北京：人民教育出版社，2009.

和中学教育分别看成是一个行业，那么小学教育两年都位于第 10 位，中学教育分别位于第 9 和第 10 位。

第二，在 1992—2002 年我国 16 个行业的划分中，小学教育一直在第 11 ~ 14 位；中学教育位于 10 ~ 14 位，相比小学教育位次稍有提前，但仍然排在国民经济中较为落后的位置。

第三，在 2003—2010 年国民经济新划分的 19 个行业里，小学教育最高排位是在国民经济的第 12 位，最低是在 2006 年位于第 16 位；中学教育行业的工资一直排在第 10 ~ 13 位。

二、与中等偏上行业的工资水平差距呈扩大趋势

在 1990—2010 年，义务教育教师的工资始终没有达到国民经济行业中等偏上的水平，且差距自 1990 年以来不断提高，直至 2007 年以后差距才开始有所缩小。具体特征如下。

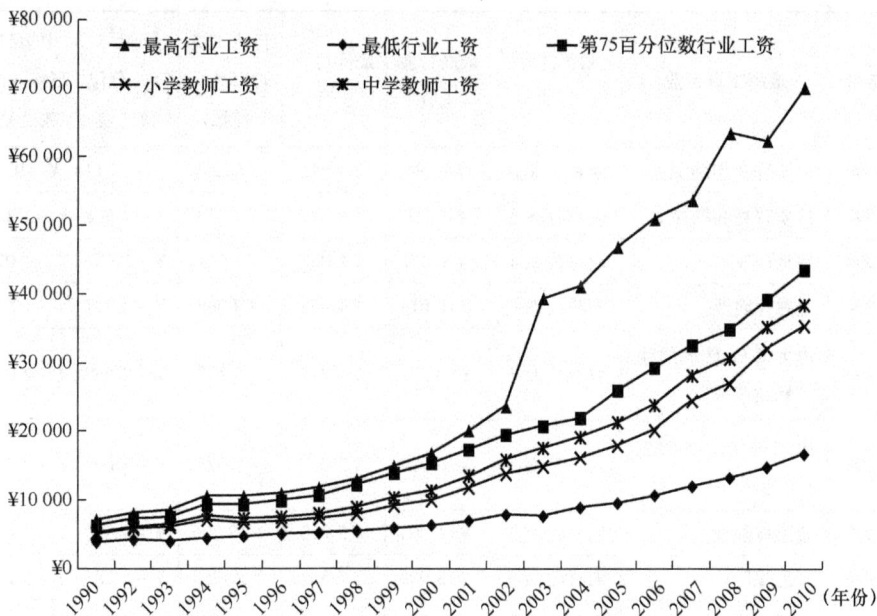

图 3 - 5 　教师与国民经济其他行业工资的比较①

---

① 从本节起自下面各节中用到的工资数据均采用的是以 2010 年为基年、采用物价指数调整后的实际工资。

第一，义务教育教师工资与最高行业的差距自 2002 年以后开始迅速扩大。在 1990—1996 年，最高工资的行业有地质普查和勘探业、房地产业、金融保险业、电力煤气及水的生产和供应业。自 1997 年以后，最高工资的行业主要是金融保险、信息传输计算机服务和软件业、科学研究和综合技术服务业，最低工资的行业一直都是农林牧渔业。2002 年以后国民经济最高与最低行业工资的差距也急剧增加，整个国民经济行业间工资极差逐年增大。

第二，义务教育教师与 75% 分位数工资的差距自 1990 年以来不断提高，直至 2006 年差距最大。选择 75% 分位数作为参照是要分析义务教育教师工资与国民经济行业的中等偏上位置工资的差距。由表 3 – 1 可见，义务教育教师与 75% 分位数工资的差距自 1990 年以来不断提高，直至 2006 年差距最大，小学教师、中学教师与 75% 分位数工资分别相差 9 130 元和 5 431 元。2007 年以后随着教师工资的提高，两者差距有所减少。

表 3 – 1　义务教育教师与其他行业工资的比较

年份	最高工资行业	最低工资行业	最高行业工资	最低行业工资	行业工资的 75% 分位数	小学与 75% 分位数之差	中学与 75% 分位数之差
1990	地质普查和勘探业	农林牧渔业	¥7 194	¥3 941	¥6 280	¥ -1 214	¥ -981
1992	地质普查和勘探业	农林牧渔业	¥8 081	¥4 298	¥7 373	¥ -1 505	¥ -1 228
1993	房地产业	农林牧渔业	¥8 480	¥4 008	¥7 541	¥ -1 460	¥ -1 077
1994	金融保险业	农林牧渔业	¥10 614	¥4 458	¥9 366	¥ -2 227	¥ -1 549
1995	电力煤气及水的生产和供应业	农林牧渔业	¥10 594	¥4 757	¥9 328	¥ -2 599	¥ -2 002
1996	电力煤气及水的生产和供应业	农林牧渔业	¥10 994	¥5 050	¥9 925	¥ -3 004	¥ -2 369
1997	金融保险业	农林牧渔业	¥11 809	¥5 230	¥10 706	¥ -3 390	¥ -2 651
1998	金融保险业	农林牧渔业	¥13 003	¥5 537	¥12 259	¥ -4 283	¥ -3 273
1999	金融保险业	农林牧渔业	¥14 942	¥5 994	¥13 952	¥ -4 757	¥ -3 551
2000	科学研究和综合技术服务业	农林牧渔业	¥16 824	¥6 404	¥15 401	¥ -5 413	¥ -3 988

续表

年份	最高工资行业	最低工资行业	最高行业工资	最低行业工资	行业工资的75%分位数	小学与75%分位数之差	中学与75%分位数之差
2001	科学研究和综合技术服务业	农林牧渔业	¥20 164	¥7 043	¥17 336	¥ -5 499	¥ -3 743
2002	金融保险业	农林牧渔业	¥23 664	¥7 912	¥19 506	¥ -5 646	¥ -3 606
2003	信息传输计算机服务和软件业	农林牧渔业	¥39 403	¥7 716	¥20 790	¥ -5 853	¥ -3 174
2004	信息传输计算机服务和软件业	农林牧渔业	¥41 152	¥8 952	¥21 981	¥ -5 812	¥ -2 810
2005	信息传输计算机服务和软件业	农林牧渔业	¥46 895	¥9 600	¥25 998	¥ -8 057	¥ -4 651
2006	信息传输计算机服务和软件业	农林牧渔业	¥50 950	¥10 733	¥29 309	¥ -9 130	¥ -5 431
2007	金融业	农林牧渔业	¥53 691	¥12 041	¥32 583	¥ -8 087	¥ -4 394
2008	信息传输计算机服务和软件业	农林牧渔业	¥63 426	¥13 209	¥34 915	¥ -7 984	¥ -4 260
2009	金融业	农林牧渔业	¥62 388	¥14 829	¥39 218	¥ -7 160	¥ -3 923
2010	金融业	农林牧渔业	¥70 146	¥16 717	¥43 504	¥ -8 085	¥ -5 047

三、义务教育教师工资增速落后于国民经济中等偏上行业

第一，1990—2010年行业75%的分位数工资平均增长率为10.9%，最高的年增长出现在1994年，比1993年增长了24.2%；最低的一次增长为1995年的负增长，实际工资下降了0.4%。

第二，从增长率比较来看，多数年份义务教育教师的工资增长率都低于行业75%分位数工资的增长率。自1990年以来的20年间，有11年义务教育教师的工资增长率低于行业75%分位数工资增长率。

第三，1995年以前，义务教育教师工资增长与75%分位数工资的变动基本一致。但1995年以后，义务教育教师的工资增长相对于行业中等偏上工资

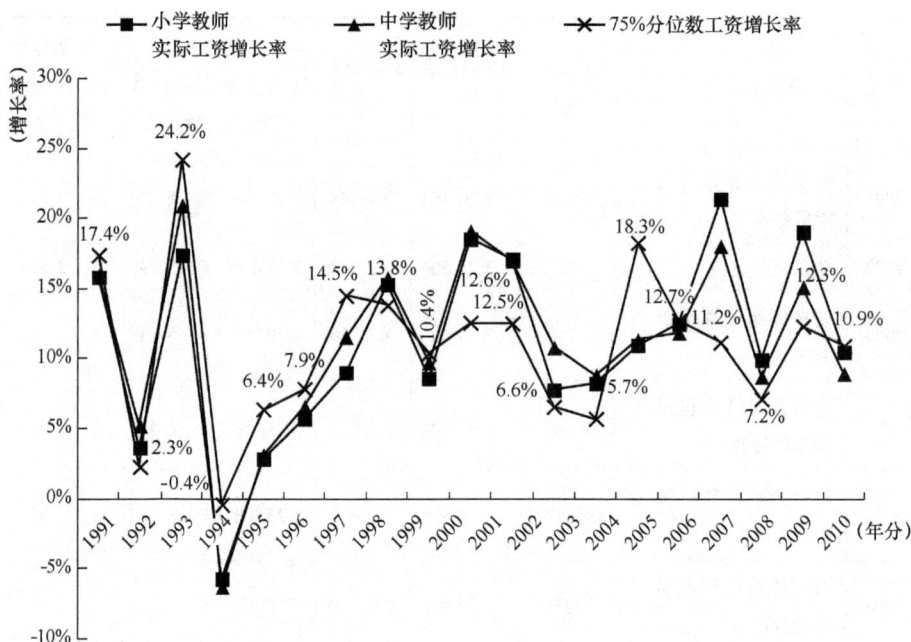

图3-6 义务教育教师与75%分位数工资增长率的比较

水平的变动存在一定的滞后性，即教师行业的工资增长并没有与行业平均工资水平同时变动，而是落后于行业工资水平的提高。2010年行业75%分位数工资的增长率为10.9%，高于小学教师工资增长率（10.5%），也高于中学教师实际工资增长率（9.0%）。

第五节　义务教育教师与公务员工资的比较

　　早在1994年1月1日实施的《教师法》第二十五条就已明确规定："教师的平均工资水平应当不低于或者高于国家公务员的平均工资水平，并逐步提高。"2006年9月1日实施的《新义务教育法》第三十一条指出："各级人民政府保障教师工资福利和社会保险待遇，教师的平均工资水平应当不低于当地公务员的平均工资水平。"但法律政策的规定是否真正执行到位仍需现实数据来回答。

一、小学教师工资 20 年间均低于公务员工资水平

对公务员的名义工资根据物价调整后得到了 1990—2010 的实际工资，并将其与义务教育教师的实际工资进行比较，发现小学教师实际工资在 20 年间一直低于公务员工资水平，且差距逐年增大，直至 2008 年以后才开始缩小。图 3-7 给出了近 20 年中小教师与公务员实际工资的差值变动，具体变动趋势如下。

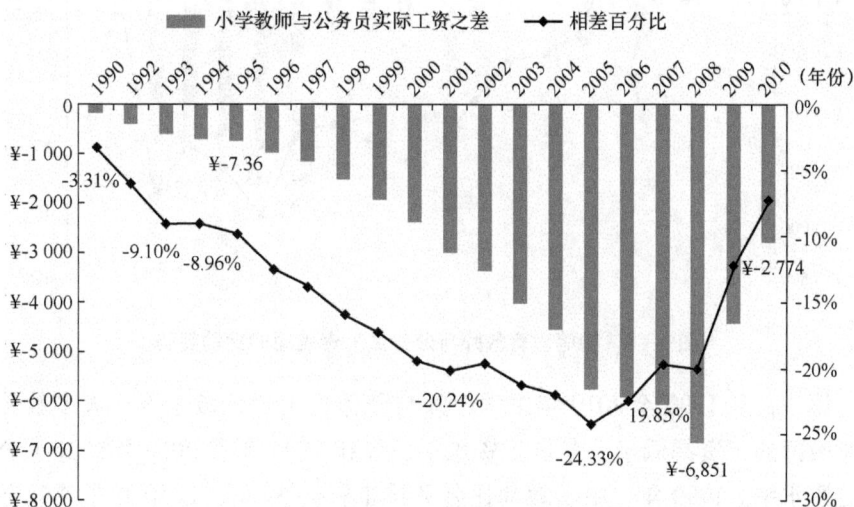

图 3-7　初等教育教师与公务员实际工资差距的历史变动图

第一，1990—2010 年，小学教师工资一直低于公务员工资水平，且自 1990 年以来二者之间的差距逐年扩大，直至 2008 年以后差距才开始缩小。

第二，这 20 年间小学教师工资比公务员工资平均低 15.28%。1990 年时小学教师与公务员差距最小，实际工资仅相差 173 元；到 2008 年小学教师与公务员工资差距最为悬殊，小学教师工资比公务员低 6 851 元；2010 年小学教师与公务员相差 2 774 元，小学教师工资比公务员低 7.26%。

二、中学教师工资同样在多数年份低于公务员工资水平

中学教师工资同样在自 1992 年以来一直低于公务员工资，直到 2010 年才开始超过公务员工资 264 元。中学教师与公务员工资的差距同样是呈逐年

扩大趋势，到 2008 年以后才开始扭转。具体变化如下。

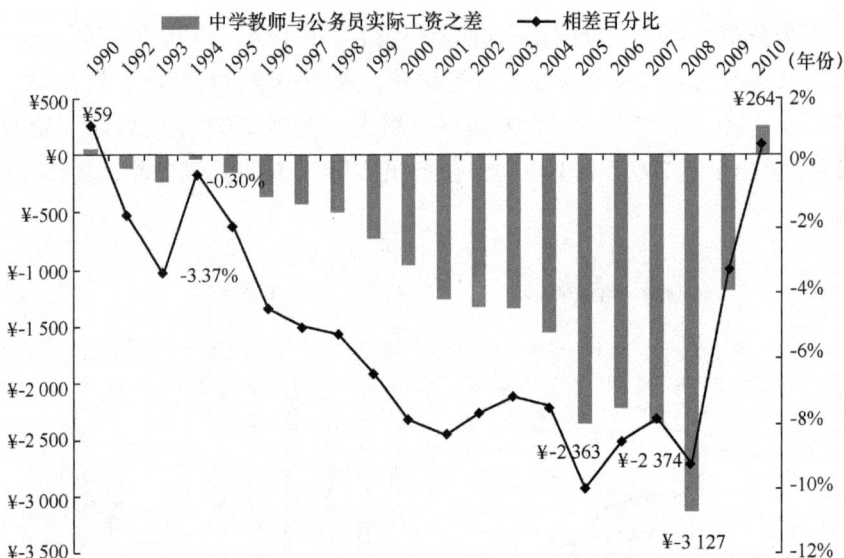

图 3 - 8　中等教育教师与公务员工资差距的变动趋势

第一，从 1990 至 2010 年中学教师与公务员工资比较来看，大多数年份中学教师的工资都低于公务员工资水平，仅在 1990 年和 2010 年超过了公务员工资水平。1990 年，中学教师比公务员工资高 59 元，2010 年中学教师比公务员高 264 元。20 年间中学教师平均工资比公务员工资低 5.19%。

第二，中学教师与公务员工资差距的变动趋势与小学类似，呈现先扩大再到 2008 年以后开始缩小的局面。2005 年和 2008 年中学教师与公务员的工资差距较大，分别比公务员低 2 363 元和 3 127 元。

由此可知，自《教师法》颁布以来的 16 年里，教师工资都没有达到法律规定的不低于公务员的标准。即使不考虑公务员所获得工资外大量名目繁多的津贴、补助等隐性收入，单从财政工资水平来看，教师工资都一直低于公务员的工资。从工资构成的比较来看，"在基本工资上教师与公务员工资差距在各省之间都相差不大，但是津补贴和总收入差距存在巨大悬殊"①。

从义务教育教师与公务员工资差距变动的趋势来看，2009 年的绩效工资

---

① 杨建芳，王蓉. 义务教育教师与公务员的收入比较 [J]. 教育与经济，2008 (4)：11 - 19.

改革大幅缩小了义务教育教师与公务员平均工资的差距。此次绩效工资改革明确提出绩效工资总量暂按学校工作人员上年度 12 月份基本工资额度和规范后的津贴补贴水平核定。其中，义务教育教师规范后的津贴补贴平均水平，由县级以上人民政府人事、财政部门按照教师平均工资水平不低于当地公务员平均工资水平的原则确定，这为教师与公务员工资之间建立起了联动机制。从全国平均来看，此次改革对教师与公务员工资差距的缩小有着积极影响。

三、义务教育教师工资增长率低于公务员

义务教育教师与公务员的工资增长趋势基本一致，且义务教育教师工资增长率一直低于公务员工资增长率，直到 2006 年以后才开始超过了公务员工资增长率，特别是 2009 年义务教育教师的工资增长幅度最大，分别比上一年提高 15.1% 和 19.0%，公务员工资增长率则为 7.99%。公务员在 20 年间的平均工资增长率为 11.18%，最高工资增长率是在 2001 年为 19.85%，最低工资增长率为 1995 年，实际工资增长率为 -6.28%。如图 3 -9所示。

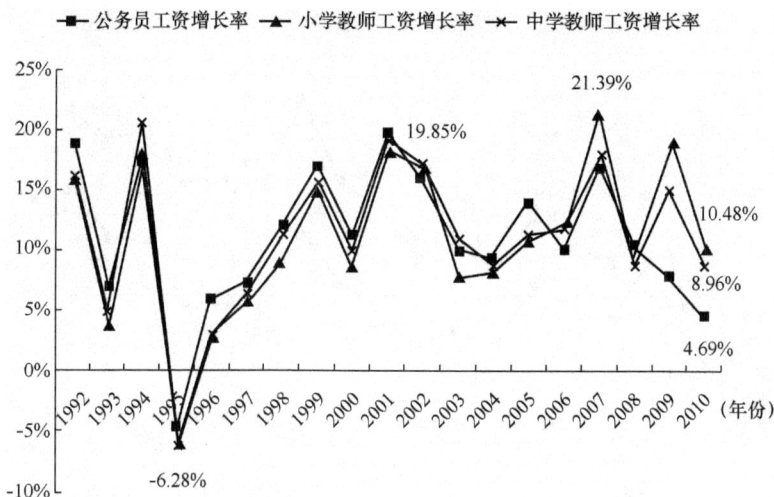

图 3 -9 义务教育教师与公务员工资增长率的历史比较

第六节　教师工资与制造业工人工资的比较

一、义务教育教师工资水平始终没有高于工人工资的50%

马克思的劳动价值论认为，复杂劳动者创造的价值等于多倍简单劳动者创造的价值。教师劳动是一种复杂的、创造性的脑力劳动，只有受过专门教育或训练的人才能从事教师劳动。根据按劳分配原则，教师工资应比从事简单劳动的工人工资高出一定的倍数。北京大学科学与社会研究中心何祚庥等学者的研究通过统计了1980—1986年82个国家和地区"教师收入指数"和"工人收入指数"两项指标，得出的结论是：我国教师的最低收入应当高于工业部门收入的50%。

基于此观点，本研究分别计算了中学教师和小学教师与工人实际工资的比值，并绘制成下图3-10，发现在过去20年间，义务教育教师的工资水平始终没有超过工人工资的50%，具体结论发现如下。

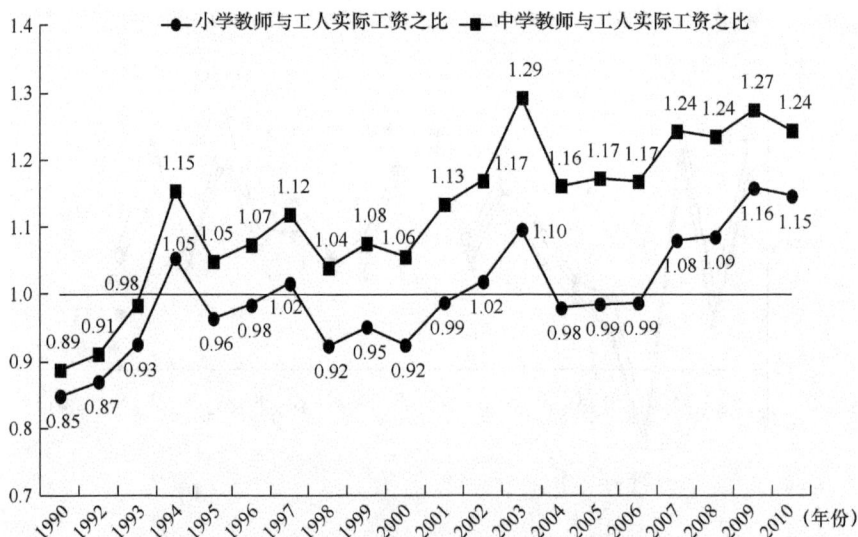

图3-10　义务教育教师与工人实际工资之比变动趋势图

第一，小学教师实际工资在过去20年间有12年都低于工人工资，这种"脑体倒挂”的现象直到 2006 年以后才开始真正得以转变，但始终没有达到高于工人 50% 的标准。在 1995—2006 年，小学教师与工人工资之比一直在 0.9 左右，到 2007 年该比值才开始大于 1，但至 2010 年小学教师工资只是工人工资的 1.15 倍。

第二，中学教师的实际工资自 1994 年以后一直高于工人工资水平，但平均来讲，中学教师工资是工人的 1.12 倍，从没有达到 1.5 倍的水平。2003 年中学教师与工人工资之比达到最高，教师工资比工人工资高出了 29.26%。

二、小学教师工资有 12 年低于工人工资

在 1990—2010 年的 20 年间，小学教师工资有 12 年低于工人的平均工资，中学教师有 3 年低于工人工资。自 2007 年小学教师工资开始超过了工人工资，且差值逐年增大，至 2010 年时小学教师工资已超过了工人工资 14.57%。中学教师在 1994 年以后便领先于工人工资，在 2010 年中学教师工资超过了工人工资 24.39%。

若将 1990 和 1992 年的工人工资除去，在其余年份中，小学教师与工人工资差距最大的年份是 1998 年，该年工人实际工资为 8 642 元，而小学教师实际工资为 7 975 元，比工人工资低 7.71%。中学教师工资与工人相比，历史最高比工人工资高出了 29.26%，最低比工人低 1.64%。

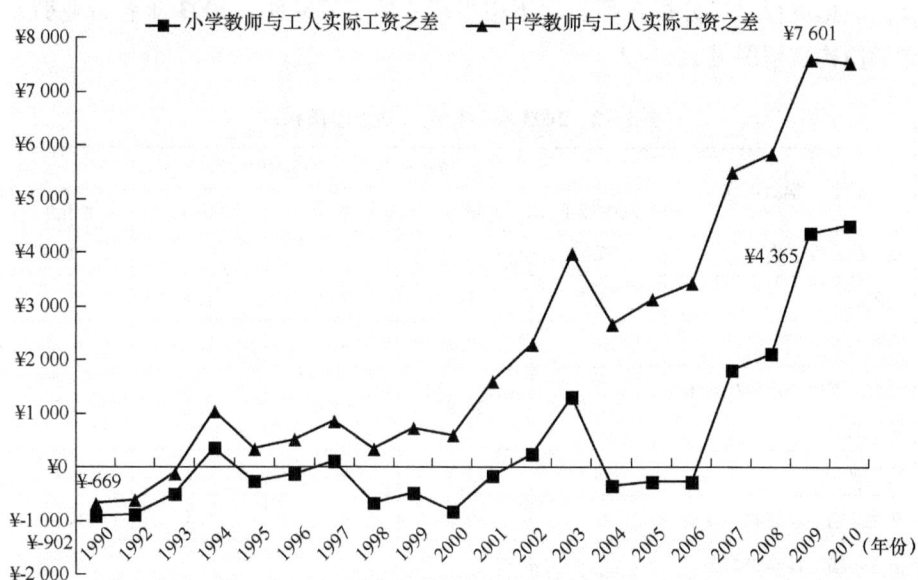

图 3 - 11　义务教育教师与工人工资差距的历史比较

第七节　教师工资与学历相当行业的工资比较

根据人力资本理论，个体是否会选择投资义务教育教师职业取决于他们对投资成本收益的比较。如果投资到教师职业的预期收益远低于相同投资到其他职业的收益，那么理性的人们将会选择对其他职业进行人力资本投资。因此，为了把最优秀的学生吸引到师范院校来，鼓励更多在职教师积极参加培训，自发形成不断学习的机制，就必须要保证义务教育教师的工资水平能够弥补职前职后的人力资本投资的成本，并且不低于其他人力资本水平相当的行业群体工资。

在前文人力资本理论的启示下，本研究将首先选取与义务教育教师群体的教育构成最为相似的其他行业作为参照系，通过工资比较来判断我国教师工资水平是否合理。

一、2003 年义务教育教师工资远低于学历相当行业

1. 小学教师学历以高中和大专为主，中学教师学历以大专和本科为主

根据 2003 年以后最新调整的 19 个行业分类，选择 2003 和 2010 年两个横断面数据进行对比分析教师与学历相当行业的工资差距。2003 年各行业劳动者学历构成情况见表 3 - 2。

表 3 - 2　2003 年各行业劳动者学历构成

行业 \ 学历构成	2003 年各行业学历构成比例				
	高中以下	高中	大专	本科	研究生
农、林、牧、渔业	95.1	4.7	0.3	0	0
采矿业	74.8	19	4.9	1.4	0
制造业	70.4	23.2	4.7	1.7	0.1
电力、燃气及水的生产和供应业	41.5	39.8	14.4	4.2	0.2
建筑业	80.2	14.5	3.5	1.7	0.1
交通运输、仓储和邮政业	63	29.3	6.2	1.5	0.1
信息传输、计算机服务和软件业	20.9	37	25.6	15.4	1.1

行业 \ 学历构成	2003 年各行业学历构成比例				
	高中以下	高中	大专	本科	研究生
批发和零售业	68.9	25.7	4.4	1.1	0.1
住宿和餐饮业	76.6	20.3	2.6	0.5	0
金融业	15.9	34.6	34.6	14.3	0.6
房地产业	26.8	39.8	23.9	8.9	0.5
租赁和商务服务业	56.3	31.6	9.2	2.7	0.2
科学研究、技术服务和地质勘查业	20.3	31	27.8	19.1	1.9
水利、环境和公共设施管理业	36.9	36.1	19.3	7.6	0.1
居民服务和其他服务业	75	20.8	3.4	0.8	0
卫生、社会保障和社会福利业	22.2	41.5	25.9	10	0.4
广播、电影、电视和音像业	28.2	35.4	24.9	10.9	0.7
公共管理和社会组织	14.8	32.8	37.1	14.7	0.6
教育	7.6	29.2	40.9	21.1	1.1
初等教育	2.1	57.3	37.4	3.1	0.0
中等教育	0.2	6.1	57.7	35.8	0.3

注：各行业学历构成数据来源于中国劳动统计年鉴 2004；初等、中等教育教师学历构成数据来源于中国教育统计年鉴，2003 年。

2003 年教育行业与其他行业相比，高中以下人员的比例在所有行业中最低为 7.6%。具有大专学历的教育工作者比例在所有行业中最高，为 40.9%，同样具有本科学历的教育工作者的比例也居所有行业之首，比例高达 21.2%。这表明，与其他行业相比教育行业从业人员的人力资本投入最高。

根据《中国教育统计年鉴》中对初等教育专任教师学历构成情况的统计，2003 年初等教育工作者的学历构成以高中和大专为主，具有高中学历的所占比例为 57.3%，具有大专学历的所占比例为 37.4%，高中以下的比例仅为 2.1%。中等教育专任教师的学历构成以大专和本科为主，其中大专教师所占比例为 57.7%，本科学历教师所占比例为 35.8%。可见，中等教育的大专和本科教师比例都远高于其他行业。

2. 与小学教师学历相当行业有信息、金融等八个行业，与中学教师学历相当行业有金融和公共管理两个行业

表 3-3 各行业与教育行业的相关、相似系数

行业	与教育行业相关系数		与教育行业相似系数	
	初等教育	中等教育	初等教育	中等教育
农、林、牧、渔业	-0.35	-0.45	0.07	0.01
采矿业	-0.17	-0.48	0.27	0.09
制造业	0.23	-0.50	0.33	0.10
电力、燃气及水的生产和供应业	0.45	-0.38	0.72	0.30
建筑业	-0.24	-0.47	0.20	0.07
交通运输、仓储和邮政业	0.02	-0.51	0.43	0.13
信息传输、计算机服务和软件业	0.85	0.19	0.89	0.64
批发和零售业	-0.07	-0.51	0.35	0.09
住宿和餐饮业	-0.17	-0.50	0.26	0.06
金融业	0.89	0.48	0.92	0.75
房地产业	0.79	-0.03	0.88	0.52
租赁和商务服务业	0.12	-0.48	0.51	0.19
科学研究、技术服务和地质勘查业	0.78	0.41	0.85	0.73
水利、环境和公共设施管理业	0.52	-0.23	0.76	0.42
居民服务和其他服务业	-0.16	-0.50	0.28	0.07
卫生、社会保障和社会福利业	0.87	0.07	0.91	0.57
广播、电影、电视和音像业	0.72	0.03	0.84	0.57
公共管理和社会组织	0.87	0.57	0.91	0.78

若按相关系数大于 0.75 的标准，与初等教育相类似的行业有：信息传输、计算机服务和软件业、金融业、房地产业、科学研究、技术服务和地质勘查业、卫生、社会保障和社会福利业、公共管理和社会组织。另外，没有与中等教育相类似的行业。

若按照相似系数大于 0.75 的标准，与初等教育学历相当的行业有：信息传输、计算机服务和软件业；金融业；房地产业；科学研究、技术服务和地质勘查业；卫生、社会保障和社会福利业；广播、电影、电视和音像业；公共管理和社会组织；水利、环境和公共设施管理业；与中等教育学历相当的行业有金融业、公共管理和社会组织。

综合相关系数与相似系数，本研究选定 2003 年与初等教育学历相当的行业有：信息传输、计算机服务和软件业；金融业；房地产业；科学研究、技术服务和地质勘查业；卫生、社会保障和社会福利业；广播、电影、电视和音像业；公共管理和社会组织；水利、环境和公共设施管理业共八个行业。与中等教育学历相关的行业有：金融业、公共管理和社会组织这两个行业。

3. 小学教师比学历相当行业中位数工资低 6 113 元

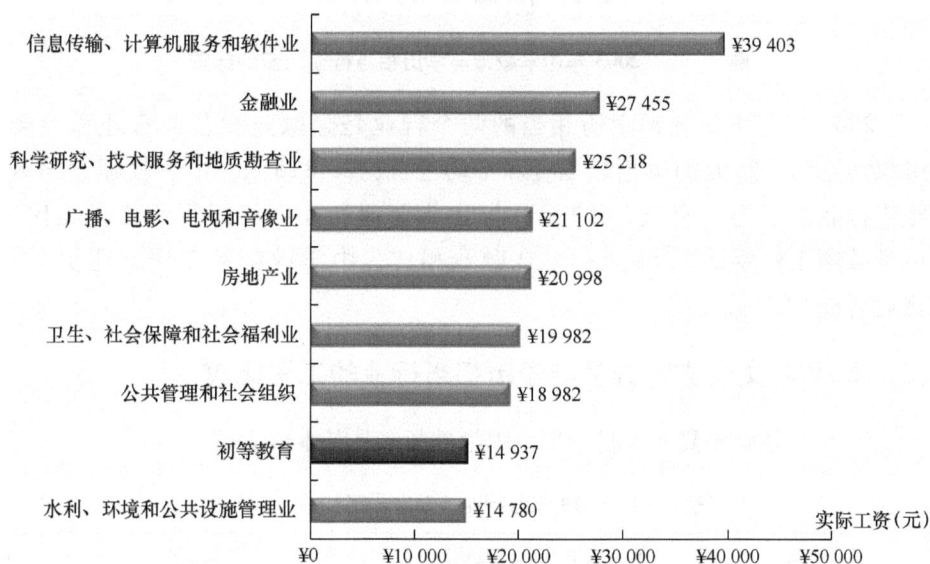

图 3 - 12　2003 年小学教师与学历相当行业工资的比较

2003 年，与初等教育行业学历相当的八个行业工资的中位数为21 050元，平均工资为22 540元。初等教育教师工资比中位数工资低6 113元，比平均工资低7 603元。

初等教育教师工资在九个与之学历相当的行业中，位于倒数第二位，只比水利、环境和公共设施管理业高150 元。比最高行业信息传输、计算机服务和软件业的年工资低24 466元。

4. 中学教师比学历相当行业工资低5 603 元

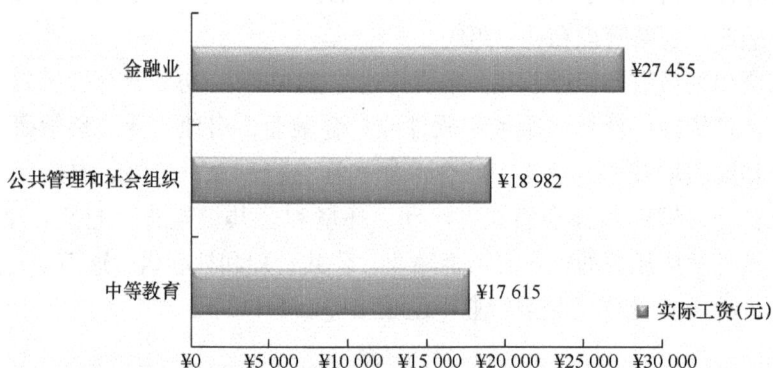

图3－13　2003 年中学教师与学历相当行业工资的比较

2003 年与中学教师学历相当的两个行业是金融业和公共管理和社会组织，这两个行业的中位数工资和平均工资为23 218元，中学教师比学历相当行业的平均工资低5 603元。与公共管理和社会组织行业工资相比，中学教师工资要低1 366元；与金融业相比，中学教师的工资差距更大，比后者低9 840元。

二、2010 年义务教育教师与学历相当行业的工资比较

1. 小学教师多具备专科学历，中学教师多具备本科学历

表3－4　2010 年各行业劳动者学历构成（%）

行业	高中以下	高中	大学专科	大学本科	研究生
农、林、牧、渔业	93.6	5.8	0.5	0.10	0.01
采矿业	63.9	23.0	8.7	4.1	0.3

续表

行业	高中以下	高中	大学专科	大学本科	研究生
制造业	70.1	20.1	6.4	3.1	0.3
电力、燃气及水的生产和供应业	32.7	33.1	22.0	11.5	0.8
建筑业	81.6	12.5	3.9	2.0	0.1
交通运输、仓储和邮政业	65.1	24.1	7.4	3.2	0.2
信息传输、计算机服务和软件业	20.6	24.3	27.0	24.6	3.4
批发和零售业	61.9	25.8	8.7	3.5	0.2
住宿和餐饮业	72.4	21.3	4.8	1.4	0.1
金融业	13.2	24.2	32.6	27.1	2.9
房地产业	42.9	27.4	18.3	10.6	0.8
租赁和商务服务业	35.6	24.3	20.7	17.1	2.3
科学研究、技术服务和地质勘查业	15.9	18.7	23.9	32.4	8.9
水利、环境和公共设施管理业	54.8	22.2	13.9	8.5	0.7
居民服务和其他服务业	73.9	20.4	4.4	1.3	0.1
卫生、社会保障和社会福利业	17.0	27.5	33.9	19.3	2.3
广播、电影、电视和音像业	37.0	25.2	18.6	17.4	1.9
公共管理和社会组织	18.6	23.0	31.6	24.9	1.9
教育	10.8	18.0	33.3	33.2	4.7
初等教育	0.48	21.23	54.58	23.59	0.11
中等教育	0.02	0.02	25.71	71.77	1.54

（注：各行业学历构成数据来源于中国劳动统计年鉴2011；初等、中等教育教师学历构成数据来源于中国教育统计年鉴，2010）

2010 年教育行业与其他行业相比，具有大学本科学历的人员所占比例在所有行业中最高为33.2%；具有研究生学历人员所占比例为4.7%，在所有行业中排第二名，仅次于科学研究、技术服务和地质勘查业。

2010年初等教育中专任教师多数具有专科学历，所占比例高达54.58%；具有本科学历的教师比例为23.59%，也高于其他大多数行业。中等教育的专任教师的学历以本科学历为主，占71.77%；其次是专科教育学历教师比例为25.71%。中等教育的本科学历人员所占比例远高于其他行业。

2. 小学教师学历相当行业有金融等五个行业，中学教师学历相当行业只有科研技术与地质勘查一个行业

表3-5　2010年各行业与初等、中等教育行业的相关、相似系数

	相关系数		相似系数	
	初等	中等	初等	中等
农、林、牧、渔业	-0.49	-0.38	0.03	0.00
采矿业	-0.39	-0.45	0.25	0.10
制造业	-0.43	-0.44	0.19	0.07
电力、燃气及水的生产和供应业	0.15	-0.34	0.66	0.35
建筑业	-0.46	-0.40	0.11	0.04
交通运输、仓储和邮政业	-0.41	-0.47	0.23	0.08
信息传输、计算机服务和软件业	0.68	0.41	0.84	0.67
批发和零售业	-0.38	-0.48	0.27	0.09
住宿和餐饮业	-0.45	-0.46	0.16	0.04
金融业	0.89	0.55	0.92	0.72
房地产业	-0.10	-0.37	0.53	0.29
租赁和商务服务业	0.06	-0.15	0.64	0.45
科学研究、技术服务和地质勘查业	0.61	0.89	0.82	0.81
水利、环境和公共设施管理业	-0.29	-0.39	0.38	0.21
居民服务和其他服务业	-0.45	-0.46	0.15	0.04
卫生、社会保障和社会福利业	0.84	0.19	0.91	0.58

续表

	相关系数		相似系数	
	初等	中等	初等	中等
广播、电影、电视和音像业	− 0.02	− 0.16	0.61	0.44
公共管理和社会组织	0.82	0.45	0.89	0.68

若按相关系数大于 0.75 的标准，与初等教育学历构成相关的行业有金融业；卫生、社会保障和社会福利业；公共管理和社会组织三个行业。与中等教育学历构成相关的行业只有科学研究、技术服务和地质勘查业。

若按相似系数大于 0.75 的标准，与初等教育学历构成相似的行业有信息传输、计算机服务和软件业；科学研究、技术服务和地质勘查业；金融业；卫生、社会保障和社会福利业；公共管理和社会组织五个行业。与中等教育学历构成相似的行业是科学研究、技术服务和地质勘查业。

结合相关系数与相似系数的筛选，确定了 2010 年与初等教育学历相当的行业有：信息传输、计算机服务和软件业；科学研究、技术服务和地质勘查业；金融业；卫生、社会保障和社会福利业；公共管理和社会组织这五个行业。与中等教育学历相当的只有科学研究、技术服务和地质勘查业等行业。

3. 2010 年小学教师比学历相当行业的中位数工资低 20 957 元

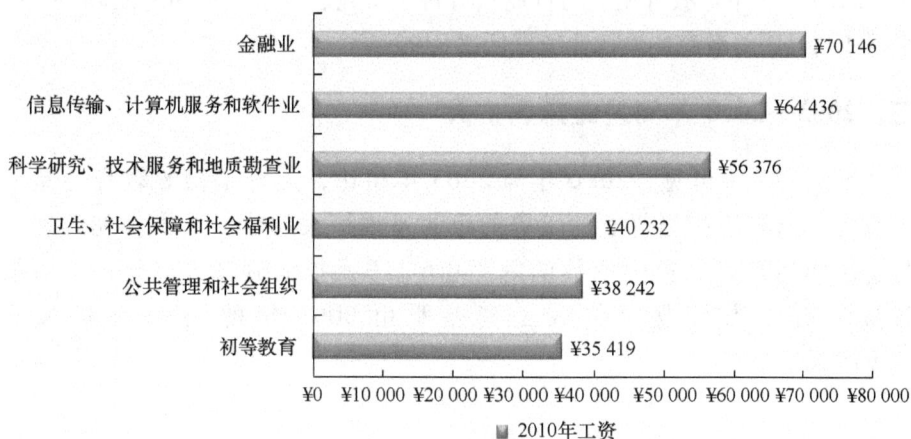

图 3 - 14 2010 年初等教育与相关行业工资的比较

2010 年，与初等教育相当的五个行业的中位数工资为56 376元，平均工资为53 886元。初等教育比五个行业的中位数工资低20 957元，比行业平均工资低18 467元。初等教育在六个行业中排名最后一位，比最高行业工资金融业低34 727元。

4. 中学教师比学历相当行业工资低 17 919 元

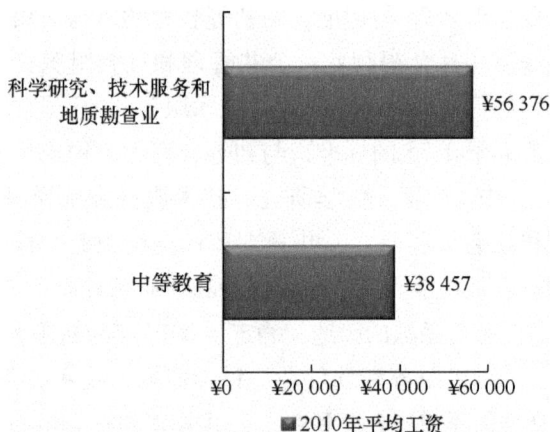

图 3 – 15   2010 年中等教育与相关行业的工资比较

2010 年与中等教育相当的行业只有科学研究、技术服务和地质勘查这一个行业，且中等教育比该行业工资低17 919元。

三、2003—2010 年间差距急剧扩大

图 3 – 17 中可见，2010 年与 2003 年相比，无论是初等教育还是中等教育，与学历相当行业的工资差距都呈现扩大趋势。其中，初等教育与学历相当行业工资中位数的差距由6 113元扩大到20 957元；中等教育与学历相当行业中位数工资差距由 2003 年的 5 603 元扩大到17 919元。

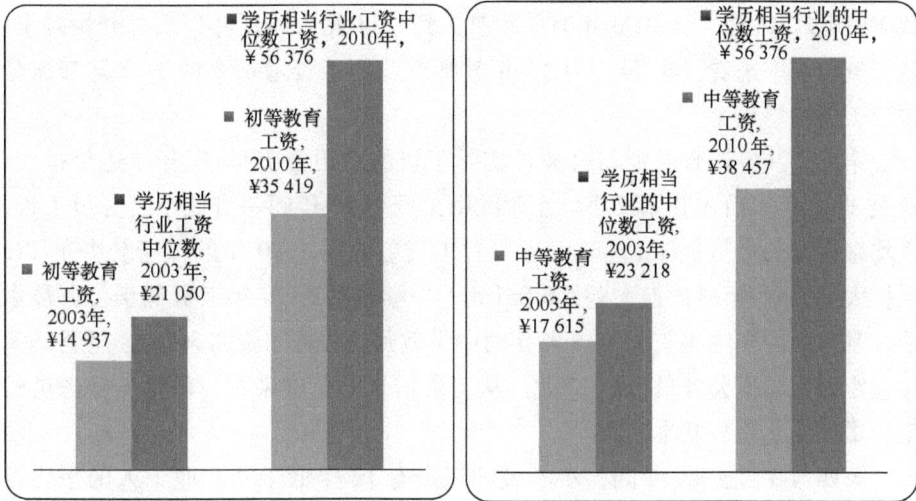

图 3 - 16　初等、中等教育与学历相当行业中位数工资的历史对比

本章小结

本章首先对义务教育教师的名义工资和实际工资的历史变动趋势进行了分析，然后重点对义务教育教师行业的相对工资水平进行分析，通过选取国民经济其他行业、公务员、制造业工人和学历相当行业这四个参照系，试图对义务教育教师行业的外部竞争力给出客观的描述。本章研究主要得出了以下结论。

第一，在过去 20 年，义务教育教师名义工资的增加超过了 16 倍，但经物价调整后的实际工资仅增加了 6 倍。小学教师名义工资比 1990 年增长了 16.3 倍，平均年增长率 16.2%；中学教师名义工资增长了 16.9 倍，平均年增长率为 16.4%。从实际工资角度来看，小学教师实际工资增加了 5.99 倍，中学教师实际工资增加了 6.26 倍。物价平均年增长率为 4.9%。

第二，义务教育教师的工资水平一直位于国民经济行业中的中等偏下位置，且与国民经济中等偏上位置工资水平的差距不断扩大，直至 2007 年以后才开始缩小。在过去的 20 年，小学教师工资一直位于第 10 ~ 16 位之间，中学教师工资位于第 9 ~ 14 位之间。义务教育教师与国民经济行业 75% 分位数的工资水平差距不断扩大，以小学教师工资为例，1990年时比行业75%分位数工资低1 214元，至2006年时差距扩大到9 130元，2007年以后才开始减小。从工资增长率来看，20年中有11年教师行业的工资增长率低于行业75%分位数工资的增长率。

第三，义务教育教师与公务员实际工资的差距自1990年开始逐年扩大，直至2009年以后才开始缩小。小学教师工资在20年间一直低于公务员工资，平均来讲比公务员低15.28%，且二者工资差值由1990年的低于公务员173元扩大到2008年时的最大差距6 851元；中学教师有18年工资低于公务员水平，且差距同样逐年扩大，1990年时中学教师比公务工资高59元，但至2008年差距最大时比公务员低3 127元。从工资增长率角度来看，教师与公务员的工资增长变化趋势基本一致。

第四，在过去20年间，小学教师工资有12年低于制造业工人的平均工资，中学教师有3年低于工人工资，教师与工人工资之比没有超过1.5。在1990—2006年，小学教师的实际工资是低于工人实际工资水平的，中学教师工资自1994年之后一直高于工人实际工资。小学教师与制造业工人工资之比在0.85~1.16之间变动，中学教师与工人工资之比在0.89~1.29之间变动。这表明义务教育教师与制造业工人工资之比至今没有超过1.5。

第五，义务教育教师工资低于学历相当行业工资，且在2003—2010年差距呈急剧扩大趋势。通过相关系数和相似系数选取了与义务教育教师行业学历构成相似的行业，发现在2003年和2010年教师工资均低于学历相当行业，且进一步比较后发现，在2003—2010年，小学教师与学历相当行业工资中位数的差距由6 113元扩大到20 957元，中学教师与学历相当行业中位数工资差距由2003年的5 603元扩大到17 919元。

第四章

教师职业阶梯中的发展激励：义务教育教师工资等级研究

2013 年《中共中央关于全面深化改革若干重大问题的决定》中强调"健全工资决定和正常增长机制"。对于义务教育教师这个职业来讲，正常的工资增长机制是要保证教师的工资能够随着工作经验和专业能力的提高而相应增长。根据人力资本理论，教师工资随着经验和技能的提高而增长是因为他们掌握了更多的教学经验和技巧，担负着更大的责任，能够给学生和学校带来更大的效益[①]。美国人事管理经济学家拉齐尔（Edward P. Lazear）也指出，相对陡峭的工资等级曲线能够更好地保留与激励优秀的在职教师[②]。那么，我国义务教育教师教师工资等级的现状是怎样的？与其他行业相比，义务教育教师的工资等级存在怎样的问题？

本章在简要描述现行的义务教育教师工资等级的基础上，重点运用现代薪酬设计的理论和技术，对义务教育教师工资等级表存在的问题进行诊断和评价，并依托北京大学社会科学调查中心 2009 年入户调查的收入数据，比较教师与其他参照行业等级工资的差异。

第一节　教师工资等级设计的理论基础及研究现状

一、竞赛理论

拉齐尔和罗森（Lazear and Rosen，1981）创立的竞赛理论为组织决定内部工资结构提供了指南，尤其是与既定晋升相联系的工资增长幅度会影响到位于该工作等级以下的员工将会付出的工作努力程度。

只要员工们之间存在竞争并且相对比较会对员工的工资产生影响，那么员工就会照竞赛理论来行事，竞赛理论给出了以下关键点和基本原则。

第一，"企业的工资等级应该被作为一个整体结构。一个人的工资并不仅仅影响他的个人行为，更重要的是，会影响到位于其下一个工作等级上并且希望获得晋升的那些人的行为"[③]。

---

①　Dale Ballou，Michael Podgursky. Returns to Seniority among Public School Teachers ［J］. The Journal of Human Resources，2002（37）4：892 - 912.

②　Edward P. Lazear. Teacher incentive ［J］. SWEDISH ECONOMIC POLICY REVIEW，2003（10）：179 - 214.

③　拉齐尔. 人事管理经济学 ［M］. 北京：北京大学出版社，2000：236.

第二，工资等级中工资差距和工资水平都会对员工行为产生重要影响。"工资差距即高等级与低等级工资之间的差距越大，个人的努力程度也就越高"①。在工资差距所暗含的努力水平既定的情况下，企业必须提供足够高的工资水平才能吸引员工到企业来。

第三，"通过观察一个企业的工资等级图就可以感觉到该企业的工资结构是否存在问题。当过多的员工为了一个只能产生较小工资上升幅度的晋升而竞争时，他们的努力程度就会受损"。

第四，一个好的工资结构在高等级工资的上升幅度上要高于低等级的工资上涨幅度。"高层次的晋升比低层次的晋升所伴随的工资增长幅度要大，这是因为当到最后一个晋升台阶的时候，赢得下一轮竞赛的"选择权"价值就消失了。剩余价值的选择权越大，从较低层次向较高层次晋升时所需要附带的工资上涨幅度就可以越小"②。

二、公平理论

美国心理学家亚当斯（J. Stacey Adams）于1960年提出公平理论（Equity Theory）③，又称社会比较理论。亚当斯认为，员工的工作动机不仅受其所得的绝对报酬的影响，也受到相对报酬的影响；即一个人不仅关心自己所得报酬的绝对值，还关心自己的投入和所得与他人的投入和所得相比较的结果。这里的投入包括个人的努力、过去的工作经验、教育背景、时间、能力等。而所得包括薪酬、奖励、认可、晋升、培训和工作条件等。

亚当斯认为，个人公平感的获得取决于个人所观察到的自己的投入产出比与他人的投入产出比的比较。当个人比较结果后发现，自己的投入产出比与他人的大致相等，或者过去与现在相等时，便认为是正常的，就会心情舒畅地努力工作。而当发现自己的投入产出比较低时，就会产生不公平感，并采取其他措施如减少投入或改变产出等方式努力恢复平等。个体通常会采用以下六种方式之一：①改变自己的投入；②改变自己的产出；③改变自我认识；④改变对他人投入和所得的看法；⑤选择另一个不同的参照对象；⑥离

① 拉齐尔. 人事管理经济学［M］. 北京：北京大学出版社，2000：251.
② 拉齐尔. 人事管理经济学［M］. 北京：北京大学出版社，2000：251.
③ Adams, J. S.（1983）Toward an Understanding of Inequity［J］. Journal of Abnormal and Society Psychclogy，67，422–436.

开现有工作场所。

薪酬管理实践中常将个体公平感比较的社会参照系分为三类：组织内部、组织外部和自己（Greenberg，1996；Milkovich & Newman，2005；Hills，1980；O'Neill & Mone，2005；周浩、龙立荣，2010；赵德成，2010），并且三类参照系对应三种公平感。内部公平指个体与同一组织内从事可比的工作或不同岗位的人员比较的收入公平感；外部公平指与组织外工作人员比较的公平感；个人公平是个体与自己的投入与贡献及过去的经历相比，所获得收入的公平感（Tremblay & Balkin，1999）。

公平理论是教师工资体系设计的核心指导理论。公平理论的内部、外部和个人公平恰好与工资设计的外部竞争性原则、内部一致性原则和个人贡献原则相对应。公平理论为教师工资结构设计提供了另一种思路，那就是工资设计必须强调相对公平的重要性。如果违背了公平原则，那么激励效果将会下降。

三、理论启示

第一，竞赛理论指出，工资差距即高等级与低等级工资之间的差距越大，个人的努力程度也就越高。这种对教师工资等级研究的启示在于，要重点关注教师工资等级中最高与最低工资等级的差距，尤其是在历次工资制度改革后差距的变动情况，进而评价该工资等级结构能否对教师产生晋升激励。

第二，竞赛理论给出了评价教师工资等级结构是否存在问题的一个标准，即是否出现过多的员工为了一个只能产生较小工资上升幅度的晋升而竞争的现象。因此，对我国义务教育教师工资等级结构的评价要分析等级之间的工资上涨幅度，以及不同工资等级（职务）的晋升名额。如果名额较少，且晋升后工资上涨幅度较小，那么教师工作的努力程度将会受损，工资等级结构就无法起到较好的激励效果。

第三，好的工资等级结构在高等级上的工资上涨幅度要高于低等级的上涨幅度。竞赛理论给出的解释是在较低的工资等级时，教师努力工作并不仅仅是为了获取下一等级的工资，而是为了也参与下一轮工资等级晋升的必需条件。而这种剩余价值的选择权本身具有一定的价值，所以在低等级的工资晋升幅度并不需要太高。而到了较高等级，随着选择权价值的逐渐减少，必须提高未来工资晋升幅度才能给予教师更高的激励。这也为本研究分析和设计教师工资等级的方案提供了思路。

第四，公平理论的启示在于工资等级结构设计要重点体现内部一致性。内部一致性通常被称为内部公平性，是指单个组织内部不同工作/技能/能力之间的工资关系。这给教师工资等级结构分析与设计的启示在于，教师工资等级结构的设计要考虑教师内部不同岗位教师之间的工资关系，比如学校校长与副校长等行政管理人员、班主任与教研组长等不同岗位教师之间工资设计的差异。

四、国内外教师工资等级的研究现状

从全世界范围来看，多数国家的教师工资等级都是严格的由公式决定，其决定因素包括职称、工作年限，教育水平。许多研究都已表明，上述决定因素并没有对高质量教师的招聘与保留或学生成绩的提高产生较好的激励效果（Ballou and Podgursky 2002；Cool Ahan and others2004；Government of Chile 2003；Hanushek 1986；Hoxby 2002；Lankford，Loeb and Wyckof f 2002；Morduchowicz2002，Begas2000）。在汉纳谢克对国家教育生产函数的综述研究中，关于教师的教育程度、工作经验与学生成就之间的关系并没有得出一致性的结论，因此汉纳谢克与其他研究者们认为，即使教师质量对学生学习有重要意义，但是决定基础工资增长的教师特征因素并没有与教学相关，最终奖励教师的是其他方面而非教学，产生了不恰当的激励。

Ballou and Podgursky（2002）[1] 支持汉纳谢克等人的观点，他们同样关注在美国流行的教师职业中基于职位的工资结构，认为尽管美国对教师的工资有较高的投入，政府支出 244 亿美元来支付职位工资，约占教育支出的 17%，但工资并没有有效地回应劳动力市场，因为没有任何证据表明教师的技能随着经验的增加而提高。因此，Ballou and Podgursky 指出，基于职位的等级工资的产生并非是要提高教学质量而是与教师公会讨价还价的结果，职级工资将使得职位数减少和新教师的工资水平下降，最终可能产生的后果是使得教师质量逐年下降。Morduchowicz（2002）[2] 分析了拉美国家的教师工资，同样

---

① Ballou, D., M. POdgursky. 2002 Returns to Seniority among Public School Teachers［J］. Journal of Human Resources，2002（37）：892－912.

② Morduchowicz, A. carreras, incentives yestructura salariales, docents. Buenos Aires：Programa de Reforma Educativa en América Latina.

认为当前的工资结构不能够很好地对教育行业想要的教师特征与行为进行激励，如教师晋升的评定通常远离教学现场。他认为教师工资与实际的教师教学行为之间缺少联系。

Hoxby（2002）[①]也发现当前的工资结构的确定依据如硕士学历、教师资格证不能很好地反应教师质量，因此不应该在教师工资中占有很大的比重。在关于学校招聘选择对教师质量影响的研究中，Hoxby 发现好学校的选择是与减少对硕士学历教师及教师资格证的需求相一致的。作者假设在择校的背景下，学校更加关注家长们的兴趣，而家长的兴趣主要取决于学校的教育质量，建议不要再将学历和教师资格作为教师质量的衡量依据。

严格统一的工资结构同样造成了教育发展的不均衡，Lankford、Loeb 和 Wyckoff（2002）[②]发现，在美国纽约那些主要面对低收入家庭孩子、低学业成就及非白人种族孩子的学校通常拥有较低素质的教师。他们认为，教师的工资不但没有设置对"去困难与挑战更多的学校"予以补偿，相反那些服务于贫困地区的教师的起薪还远低于去富人区工作的教师。类似的，Loeb and Reiniger（2004）[③]也发现在美国那些拥有低收入和表现差的学生较多的学校，通常雇佣的是经验欠缺、教育程度较低、学术能力较差的教师。此外，无差异的工资等级曲线同样造成了部分学科如数学和科学课教师的短缺。Rumberger（1987）的研究备受关注，主要结论是学区内非专业的数学和科学教师的比例以及教师流失率都与工程师与教师间收入差距正相关。若想减少大都会地区两学科的教师短缺，需使教师收入高出工程师收入10 000美元。Evans（1987）[④]以美国中西部一所大学机械专业的 98 名大一新生为研究对象，通过调查问卷形式询问学生是否愿意将来成为一名数学或科学课的老师及其原因。其中 77 名学生不愿意成为教师，首要原因是工资太低；排第二位的原因是认为教师工作枯燥。

① Hoxby. Would School Choice Change the Teaching Profession［J］. Journal of Human Resources，2002（37）：846 –91.

② Lankford，H.，S. Loeb，J. Wyckoff. Teacher Sorting and the Plight of Urban Schools：A Descriptive Analysis［J］. Education Evaluation and Policy Analysis，2002，24（1）：37 –62.

③ Loeb，S.，M. Reininger. 2004. Public Policy and Teacher Labor Markets. East Lansing，Mich.：Education Policy Center at Michigan State University

④ Evans，R. H. Factors Which Deter Potential Science/Math Teachers from Teaching：Changes Necessary To Ameliorate Their Concerns［J］. Journal of Research in Science Teaching，1987，24（1）：77 –85.

  Lopez – Acevedo's（2004）[1] 针对墨西哥教师薪酬的研究提出了不同的观点，她认为正如 Lia ng（1999）研究中给出的，拉美国家教师相对较高的小时工资以及稳定的工资增长阶梯、较高的职业安全感、高的退休收入都对高质量教师的招聘与保留有积极影响。然而，Vega（2000）的研究与 Lopez 的观点不同，她认为尽管教师有相对较高的小时工资，但由于月工资和年收入相对其他行业相比较低，因此仍然不能够对高质量教师有较好的吸引作用。

  Delannoy and Sedlacek（2001）[2] 的研究不仅比较了教师与其他行业的起始工资，还比较了巴西相对工资的增长率。研究发现，尽管那些教育水平较低的教师的基础工资与其他职业大体相当甚至略高，但那些教育水平较高和经验丰富的教师的工资增长却低于其他可比行业。作者认为，这种工资结构造成的不良后果是激励了低教育程度、经验欠缺的人成为教师，而使高教育水平的人离开教师队伍。同样这种工资结构的扭曲激励也发生在墨西哥，Lopez Acevedo（2002）[3] 通过比较教师与非教师组的年龄收入曲线，发现的结论与 Delannoy and Sedlacek 的相似，即教师的起始工资要显著高于其他行业，但工资随工作年限的增长速度却显著低于其他行业公立和私立部门的劳动者。Sntibanez（2002）在对墨西哥工资结构的研究中，也发现尽管教师的小时收入高于其他职业（特别是女性），但教师总收入要低于其他行业，且只有较少的晋升机会。

  综合已有文献，对于教师工资等级结构的实证研究主要是来自国外，特别是对教师工龄收入与社会其他行业比较的实证研究国内很少见，主要原因在于过去的家庭营养和健康调查（CHNS）数据库以及中国收入分配课题组的CHIPS 数据中都无法细分出教师行业。本章将采用北京大学中国社会科学调查中心在 2009 年实施的中国家庭动态跟踪调查数据库 CFPS，该数据库的成人调查问卷中可以对个体职业细分到小学教师和中学教师，可以在此基础上给出教师与特征相似的其他行业劳动者的工龄—工资收入曲线。

---

[1] López – Acevedo, G. Teachers' Salaries and Professional Profile in México [N]. Policy Research Working Paper, 3394. World Bank, Washington, D. C.

[2] Delannoy, F., G. Sedlacek. Brazil: Teachers Development and Incentives: A Strategic Framework [N]. 2001 Washington, D. C.: World Bank.

[3] López – Acevedo, G. Teachers' Incentives and Professional Development in Schools in Mexico [N]. Policy Research Working Paper, 2777. World Bank, Washington, D. C.

第二节 工资等级的相关概念

一、工资等级数量

工资等级数量指的是不同岗位、技术或能力的等级数量和上下层级数。工资等级数量的设计是一个重要的决策。等级数量并没有绝对统一的标准，等级数量设计太多，会增加管理的复杂性和费用，且如果本质上没有太大差异的等级间得到不同的工资也会产生内部的不公平；但等级数量过少也使得能力强、责任重的教师与其他教师获得相同的工资，会造成新的不公平，并且教师感觉晋升机会少，缺乏激励效果①。

二、工资等级的中间值、最大值与最小值

工资等级的中间值（midpoint pay value），即每个工资等级的50%位置的工资水平（也称中位值、中点或控制点），反映各等级工资的平均水平，体现的是一个称职的教师在相应岗位上完成工作任务应该得到的报酬，其中位值的确定是在市场工资线和国家工资水平制定政策的基础上进行②。

工资等级的最大值是该等级员工可能获得的最高工资，工资等级最小值则为该等级员工可能获得的最低工资。

三、工资级差

工资级差，指等级中相邻两个等级中间值的差额，它表示针对不同等级的工作由于技能、经验、知识水平、责任要求的不同，支付不同的报酬。工资级差是逐步递增的，递增的幅度应与员工能力的提高和经验的丰富相匹配。

四、工资幅度

工资幅度（pay rate ranges）也称"工资区间"，是指在某一工资级别内部允许工资变动的最大限度，即同一工资级别内最高值与最低值之差：工资幅

---

① 林健. 大学薪酬管理——从实践到理论［M］. 北京：清华大学出版社，2010.
② 林健. 大学薪酬管理——从实践到理论［M］. 北京：清华大学出版社，2010.

度（工资区间）＝最高值－最低值。

五、工资等级重叠度

重叠度是相邻等级间的交叉重叠情况，按重叠的程度可分为低重叠度和高重叠度。若 A 和 B 是两个相邻的重叠等级，B 是较高的等级，则等级重叠度的计算公式为：

$$工资等级重叠度 = \frac{A\ 所在等级的上限 - B\ 所在等级的下限}{A\ 所在等级的上限 - A\ 所在等级的下限} \times 100\%①$$

六、工资档次与档差

档次数量是指对于某一工资等级的工资幅度进一步细分成的工资等次的数目。对于档次数量的确定主要考虑两方面因素，一是教师进入某一工资等级可能停留的最长时间；二是对这一级教师而言具有激励作用的最小工资增量②。档差是指不同档次之间的工资差额，通常档差以等比或等差数列的形式确定。

七、工资等级相关概念示意图

上述工资等级相关概念的总结见示意图 4－1，图中工资等级由低到高分别为 A、B、C 三个工资等级。以 A 等级为例，等级的最大值和最小值分别对应的是 a 点和 b 点，线段 ab 对应的工资就是 A 等级的工资区间。

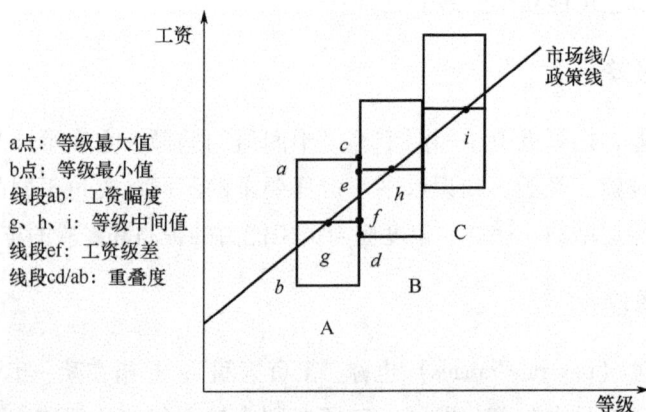

图 4－1　工资等级相关概念示意图

① 林健. 大学薪酬管理——从实践到理论 [M]. 北京：清华大学出版社，2010.
② 林健. 大学薪酬管理——从实践到理论 [M]. 北京：清华大学出版社，2010.

图 4 - 1 中的点 g、h 和 i 分别为三个等级的中间值，由市场线和国家政策线结合制定。等级 A 和 B 之间的级差为 A 和 B 等级中间值之差，也就是 g 和 h 点对应的工资差距，即图 4 - 1 中的 ef 线段长度表示的工资差值。等级 B 和 C 之间的级差为 h 和 i 点对应工资的差距。

等级 A 和等级 B 重叠部分为线段 cd 长度代表的工资，重叠度的计算为线段 cd 与线段 ab 之比再乘以 100%。

第三节　义务教育教师工资等级制度的现状及问题

自 2006 年人事部、财政部、教育部发布《关于印发高等学校、中小学、中等职业学校贯彻事业单位工作人员收入分配制度改革方案的实施意见的通知》以来，我国中小学教师工资由岗位工资、薪级工资、绩效工资和津贴补贴四部分构成。其中体现教师工资等级特性的是岗位工资和薪级工资两部分。具体而言，岗位工资主要体现工作人员所聘岗位的职责和要求，反映的是工资的等级性特征；而薪级工资主要取决于教师在岗位上的任职年限及教龄，反映的是教师进入某个工资等级以后的工资增长区间①。

一、教师工资等级数量

现行岗位绩效工资制度下，工资等级差异主要体现在岗位工资上，具体为不同类别岗位的工资分级，而教师岗位工资的确定依据是职务聘任。

等级化是工资等级的重要特征之一，较多的等级数量表明组织的等级化特征较浓，较少的等级数量意味着组织设计较为扁平化。从义务教育教师工资制度的等级设计来看，小学教师共分六级，中学教师分为九级，表明义务教育教师工资结构有着明显的等级化特征。

小学教师的岗位工资的等级数量为 6 级，在表 4 - 1 中对应的是第 13 级至第 8 级。对于小学教师，岗位类别共分小学三级或二级、小学一级和小学高级三个类别，其义务教育一级岗位共分两级，小学高级岗位共分三级。

中学教师的岗位工资共分 9 级，对应表 4 - 1 中的第 13 级至第 5 级。中学

---

① 参见《关于印发高等学校、义务教育、中等职业学校贯彻事业单位工作人员收入分配制度改革方案的实施意见的通知》。

教师的岗位类别共分中学三级、中学二级、中学一级和中学高级四类，其中中学二级共分两级，中学一级共分三级，中学高级也分成了三级。

表4-1　岗位和薪级工资的等级特征描述　　单位（元/月）

岗位工资			薪级工资			
原岗位等级	岗位	工资标准	薪级范围	薪级中间值	最小值	最大值
中高一级岗	五级	1 180	16～42级	673元	317	1 154
中高二级岗	六级	1 040	16～42级	673元	317	1 154
中高三级岗	七级	930	16～42级	673元	317	1 154
中学一级（一级岗）小学高级（一级岗）	八级	780	9～36级	499元	181	904
中学一级（二级岗）/小学高级（二级岗）	九级	730	9～36级	499元	181	904
中学一级（三级岗）/小学高级（三级岗）	十级	680	9～36级	499元	181	904
中学二级（一级岗）/小学一级（一级岗）	十一级	620	5～32级	391元	125	767
中学二级（二级岗）/小学一级（二级岗）	十二级	590	5～32级	391元	125	767
中学三级/小学二级/小学三级	十三级	550	1～29级	295元	80	673

二、教师工资等级中间值、最大值与最小值

义务教育教师各等级工资的差异只体现在薪级工资变动范围上。从表4-1中可见，义务教育教师的每一个岗位只对应唯一的岗位工资标准，这意味着在确定教师的岗位等级以后，教师的薪级工资实际上是各等级工资幅度的细分，薪级数量即是工资档次的数量，各岗位工资等级对应的薪级范围就是工资幅度，各岗位工资对应的薪级工资中间值与岗位工资标准之和也就是教师工资等级的中间值。

整理教师薪级工资的变动范围得到表4-2中的教师工资等级的变动区间，最低的是第13级，薪级工资的变动范围在第1～29级之间，薪级工资的

中间值为 295 元；第 12 级和第 11 级工资对应的薪级工资变动范围都在第 5 ~ 32 级之间，薪级工资的中间值为 391 元；第 10、9、8 三个等级对应的薪级工资范围在第 9 ~ 36 级之间，薪级工资的中间值为 499 元；第 7、6、5 三个等级对应的薪级工资范围在第 16 ~ 42 级之间，薪级工资中间值为 673 元。

各等级工资的中间值为岗位工资和薪级工资中间值之和，加总后的各等级工资中间值、最大值和最小值结果都呈现在表 4 - 2 中。小学教师六个等级的工资中间值由低到高依次为：845 元、981 元、1 011 元、1 179 元、1 229 元、1 279 元；中学教师九个工资等级中间值由低到高依次为：845 元、981 元、1 011元、1 179元、1 229元、1 279元、1 603元、1 713元、1 853元。

拉齐尔和罗森的竞赛理论指出，工资结构中工资差距会对员工行为产生重要影响。"工资差距即高等级与低等级工资之间的差距越大，个人的努力程度也就越高"[1]。根据表 4 - 2 给出的义务教育教师的等级工资最大值和最小值，可以计算得到小学教师最高工资与最低工资之间的月工资差距为 1 054 元，中学教师最高工资与最低工资之差为 1 704 元。以现在的物价水平，教师最高与最低工资的差距过小，较小的差距将会使得教师减少个人的努力程度，晋升对教师的吸引力较小。

表4-2 各等级工资的特征描述

原岗位等级	等级最小值	等级中间值	等级最大值	工资幅度	级差	重叠度
中高一级岗	1 497	1 853	2 334	837	140	83.3%
中高二级岗	1 357	1 713	2 194	837	110	86.9%
中高三级岗	1 247	1 603	2 084	837	324	86.9%
中学一级（一级岗）小学高级（一级岗）	961	1 279	1 684	723	50	93.1%
中学一级（二级岗）/小学高级（二级岗）	911	1 229	1 634	723	50	93.1%
中学一级（三级岗）/小学高级（三级岗）	861	1 179	1 584	723	168	72.8%

---

① 拉齐尔. 人事管理经济学 [M]. 北京：北京大学出版社，2000：251.

续表

原岗位等级	等级最小值	等级中间值	等级最大值	工资幅度	级差	重叠度
中学二级（一级岗）/小学一级（一级岗）	745	1 011	1 387	642	30	95.3%
中学二级（二级岗）/小学一级（二级岗）	715	981	1 357	642	136	79.1%
中学三级/小学二级/小学三级	630	845	1 223	593	—	—

三、教师工资级差

教师工资级差是工资等级中相邻两个工资等级中间值的差额，它表明不同等级的工作中由于其职责、能力、经验、技能要求的不同，支付的报酬也不同。

根据竞赛理论，一个好的工资等级结构在高等级工资的上升幅度上要高于低等级的工资上涨幅度。"高层次的晋升比低层次的晋升所伴随的工资增长幅度要大，这是因为当到最后一个晋升台阶的时候，赢得下一轮竞赛的"选择权"价值消失了，剩余价值的选择权越大，从较低层次向较高层次晋升时所需要附带的工资上涨幅度就可以越小"[1]。

借鉴竞赛理论的思想，在工资等级设计中工资级差应该是逐步递增的，递增的幅度与教师的能力提高和经验丰富相匹配。然而，表4-2给出小学教师六个工资等级的级差由低级到高级分别为：136元、30元、168元、50元、50元。工资级差由低级到高级反而有所减少，由最低两级之间级差136元减少至最高两级之间相差50元。对于中学教师，九个等级的工资级差有低级到高级分别为：136元、30元、168元、50元、50元、324元、110元、140元。同样，中学教师的级差设计也没有遵循任何规律，最低两个等级间的级差为136元，中间两个等级级差只有50元，最高的等级之间级差为140元。这表明现行的义务教育教师的工资等级的级差设计不尽合理。

① 拉齐尔. 人事管理经济学 [M]. 北京：北京大学出版社，2000：251.

四、教师工资幅度

根据工资幅度的定义，教师工资幅度是九个等级工资的变化范围，同一等级工资最大值与最小值之差。

义务教育教师工资幅度的计算结果见表 4 - 2，其义务教育教师六个工资等级的工资幅度由低级到高级依次为：593 元、642 元、642 元、723 元、723 元、723 元。中学教师工资等级的工资幅度由低级到高级依次为：593 元、642 元、642 元、723 元、723 元、723 元、837 元、837 元、837 元。由此可知，在较低的工资等级阶段，教师工资幅度大小有差异，但到了小学高级和中学高级岗位工资时，教师工资幅度完全相同。

五、工资等级重叠度

从目前新的工资设计理念来讲，主张在不同等级工资之间采取不同的重叠度，即低等级采用较小重叠度，高等级采用高重叠度，这样使得员工更容易在低等级中通过工资等级的提升提高工资水平。

根据等级重叠度的计算公式，得到相邻等级教师工资的重叠度见表 4 - 2。小学教师相邻等级的重叠度由低到高分别为 79.1%、95.3%、72.8%、93.1%、93.1%，表明小学教师工资等级在低等级时候的重叠度过高，特别是小学一级和小学二级之间的重叠度达到了 95.3%；小学高级的三个岗位之间的重叠度也过高，均超过了 90%，使得三个岗位等级之间差距很小，几乎重合，无法体现等级间的梯度差异。

中学教师相邻等级间的重叠由低到高分别是：79.1%、95.3%、72.8%、93.1%、93.1%、86.9%、86.9%、83.3%，也与小学教师类似存在明显的不合理，低等级时的重叠度过高，低等级与高等级之间的重叠度区分不大。

六、教师工资档次与档差

教师工资档次主要是指对于岗位工资中的某一等级，进一步划分的薪级工资的数量。同样，教师工资的档差就是薪级工资中各等次之间的工资差额。由表 4 - 3 中的计算结果可见，小学教师六个等级工资的档次数量由低级到高级依次为：29、28、28、28、28、28 个档次。中学教师九个等级工资档次依次为：29、28、28、28、28、28、27、27、27 个档次。

现代薪酬体系设计中，档差的设计采用等差形式或等比形式细分，等差形式是指同一工资等级内用等差方式分成若干档次，从而形成一组等差数列。等比形式是指同一工资等级内采用等比方式分成若干档次，从而形成一组等比数列。

从可以发现，义务教育教师的档差设计类似于等差数列，但档差值很小。表4-3中可见义务教育教师各等级工资的档次数量基本一致，有27、28和29三种，档差的设计类似于等差数列，且档差值很小。从档差来看，越高等级的工资档差越大，以义务教育教师的最高工资等级（五、六、七级）的档差分布为例，该级别共分了26个档次，相邻档次之间的档差由低到高去掉重复值分别为24、26、28、30、32、35、40、45。但相邻档次之间的档差值过小，最低档差11元，最高档差只有45元。

表4-3 教师工资档差

工资档次	第十三级	第十二级/第十一级	第十级/第九级/第八级	第七级/第六级/第五级
1	—	—	—	—
2	11	12	16	24
3	11	14	18	24
4	11	14	18	26
5	12	16	20	26
6	12	16	20	26
7	14	18	22	28
8	14	18	22	28
9	16	20	24	28
10	16	20	24	28
11	18	22	26	28
12	18	22	26	30
13	20	24	26	30
14	20	24	28	30
15	22	26	28	30
16	22	26	28	32

续表

工资档次	第十三级	第十二级/ 第十一级	第十级/第九级/ 第八级	第七级/第六级/ 第五级
17	24	26	28	32
18	24	28	28	32
19	26	28	30	35
20	26	28	30	35
21	26	28	30	35
22	28	28	30	40
23	28	30	32	40
24	28	30	32	40
25	28	30	32	40
26	28	30	35	45
27	30	32	35	45
28	30	32	35	
29	30			

七、现行教师工资等级制度存在的主要问题

根据中小学教师套用的事业单位技术人员的岗位、薪级工资的标准表，本研究绘制了现行中小学教师月工资的等级图（图4－2），图中给出了中小学教师工资的等级划分，以及每一等级工资的增长区间。从工资等级划分来看，小学教师共分6级：由最低的小学三级到小学高级（一级岗）。中学教师分为9级：由中学三级到中学高级（一级岗）。从工资的变动范围来看，小学教师最低等级工资为630元/月，最高等级工资为1 684元/月；中学教师最低等级工资也是630元/月，最高等级工资为2 334元/月。基于前面的分析，归纳现行义务教育教师工资等级还存在以下问题。

1. 等级之间的重叠度过高，等级数量设计不合理

图4－2中直观可见，目前义务教育教师工资等级属于高重叠度，以小学教师工资等级为例，较低的三个等级的工资范围基本一致，同样较高的三个等级之间交叉重叠。进一步根据重叠度计算公式，得到小学教师由低到高的

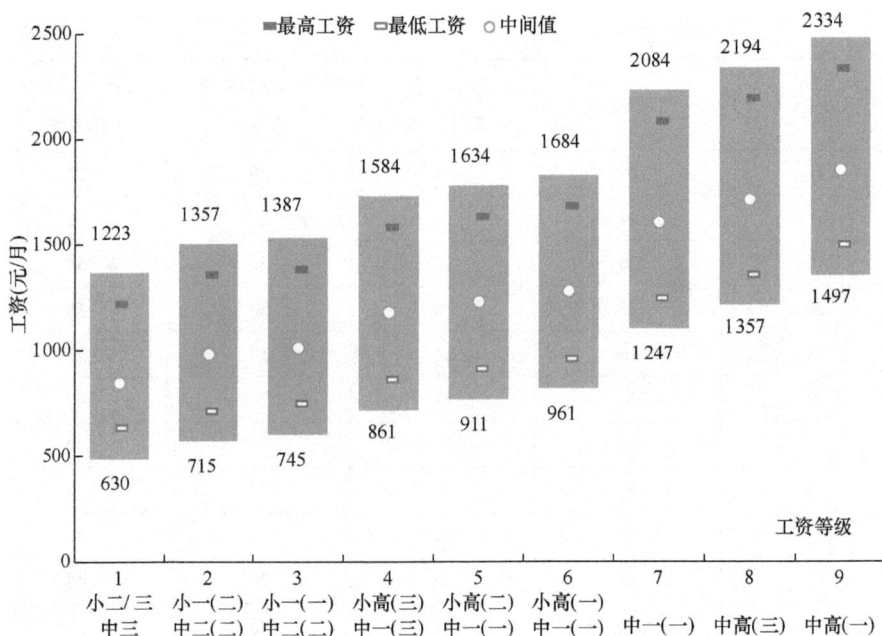

图4-2 现行工资制度的等级工资结构图

相邻五个等级重叠度分别为79.1%、95.3%、72.8%、93.1%、93.1%（见表4-2）。这表明小学教师工资在低等级时候的重叠度过高，特别是小学一级（二级岗）和小学一级（一级岗）之间的重叠度达到了95.3%，小学高级的三个岗位之间的重叠度也过高，均超过了90%，使得这三个岗位等级之间差距很小，几乎重合，无法体现等级间的梯度差异。同样，计算得到中学教师由低到高相邻等级间的重叠度分别是：79.1%、95.3%、72.8%、93.1%、93.1%、86.9%、86.9%、83.3%，也与存在类似的高重叠度问题，特别是在低等级时的重叠度过高，低等级与高等级之间的重叠度区分不大。

义务教育教师工资等级间的高重叠意味着如果某教师位于第一个工资等级，那么随着工作年限的提高，该教师即使没有晋升到下一个工资等级到退休时也可以获得和第二等级教师基本相当的工资，造成工资等级的提高对教师实际收入影响并不大。此外，这种高重叠的结构使得小学教师实际上只有两大等级的划分，即前三个工资等级为一类，后三个等级为一类，造成的后果是只有成为小学高级教师工资才能有较大幅度的提高，而评上小学高级职称以后工资的增长空间就变得很有限，这样实际的两个大类工资等级划分显然无法反映小学教师职业发展中能力的提升和变化，更无法激励教师不断追求其专业发展。

2. 最高与最低等级间的工资差距较小

义务教育教师教师工资等级的另一个问题是最高等级与最低等级之间工资差距过小，工资等级较为平坦化。从小学教师工资的 6 个等级来看，最高工资等级的最高标准为 1 684 元/月，而最低等级的最低标准为 630 元/月，最高与最低之间相差只有 1 054 元/月。也就是说，一位工龄较长即将退休的小学高级教师每月只比刚入职的小学教师高 1 054 元。

同样，对于中学教师的 9 个工资等级之间差距也不大，获得最高工资等级的中学教师每月工资为 2 334 元，最低等级与小学教师相同也是每月 630 元，中学教师最高与最低之间相差 1 704 元。根据拉齐尔（Edward P. Lazear）的竞赛理论，"最高与最低等级之间的工资差距越小，教师个人的努力程度越低，晋升带来的工资等级的提升对教师的激励效果就越小"①。

3. 等级间级差的涨幅设计不合理

"工资级差是工资等级中相邻两个工资等级中间值的差额，它表明不同等级的工作中由于其职责、能力、经验、技能要求的不同，支付的工资也不同"②。良好的工资级差应该是逐步递增的，且递增的幅度应与员工能力的提高和经验的丰富一致。根据竞赛理论的解释，"高层次的晋升比低层次的晋升所伴随的工资增长幅度要大，这是因为当到最后一个晋升台阶的时候，赢得下一轮竞赛的"选择权"价值消失了，剩余价值的选择权越大，等级晋升时所需要附带的工资上涨幅度就可以越小"③。

但是，我国义务教育教师工资的等级间级差的涨幅却并不符合这种规律，小学教师工资由低到高的六个等级之间的级差分别为：136 元、30 元、168 元、50 元，发现级差并不是逐步递增的，反而到了高级级差有所减少。中学教师工资的九个等级间级差由低到高为：136 元、30 元、168 元、50 元、50 元、324 元、110 元、140 元，同样中学教师的级差也没有任何规律性，从工

① 爱德华·拉齐尔. 人事管理经济学 [M]. 刘昕，译. 北京：生活·读书·新知三联书店，2000.

② 乔治·米尔科维奇，纽曼. 薪酬管理（第九版）[M]. 成得礼，译. 北京：中国人民大学出版社，2008.

③ 爱德华·拉齐尔. 人事管理经济学 [M]. 刘昕，译. 北京：生活·读书·新知三联书店，2000.

资低级到高级级差时增时减，变化不一。

4. 同一等级内各档次间的档差值设计也不合理

"工资档次主要是指对于岗位工资中的某一等级，进一步划分的薪级工资的数量，是对同一个工资等级的细分。工资的档差就是薪级工资中各等次之间的工资差额"①。在现代薪酬体系设计中，档差的设计采用等差形式或等比形式细分。等差形式是指同一个工资等级内用等差方式分成若干档次，从而形成一组等差数列。等比形式是指同一个工资等级内采用等比方式分成若干档次，从而形成一组等比数列。这样具有规律性的档差设计可以很好地保证各等级教师工资增长的一致性与公平性。

然而，我国义务教育教师教师工资的档差的设计既不符合等差形式也不符合等比形式，难以体现工资等级的内部一致性。以中学高级三级岗为例，该等级共分了 26 个档次，由低到高相邻档次之间的档差去掉重复值后分别为 24、26、28、30、32、35、40、45。此外，由于档次过多，所以相邻档次之间的档差值非常小，最低档差为 24 元，最高档差也只有 45 元。因此，正常的薪级工资增长机制的增长幅度过小，难以与教师专业技能水平的提高相一致。

第四节　义务教育教师与其他行业工资等级的比较

前面分析的是义务教育教师工资制度本身工资等级的特征及不同等级的工资水平，本节将从劳动力市场的角度，基于家庭入户调查数据，比较教师行业与其他行业的等级工资差异，特别是与教师个体特征相似的劳动者从事其他行业在职业生涯中可能获得的潜在工资情况。

一、研究设计

1. 研究思路

在教师与其他行业的等级工资比较时，理想的做法之一是选取几个行业，并调查到这几个行业不同工资等级的工资水平等其他等级工资结构的特征，并进而与教师工资结构进行比较；另一方法是跟踪同一批进入劳动力市场且

---

① 乔治·米尔科维奇，纽曼.董克用校.薪酬管理（第九版）[M].成得礼，译.北京：中国人民大学出版社，2008.

进入不同行业的劳动者，对他们之后的晋升与工资等级的变化情况进行比较。但现实中，在竞争的劳动力市场上，并不存在统一的行业工资等级规定，每个公司都有着自己特殊的工资等级结构和设计。同时，我们也无法跟踪一个劳动者整个职业生涯的工资变化情况，因此，理想的两种对教师与其他行业工资等级的比较方法都很难实现。

Lopez Acevedo（2002）对墨西哥从事基础教育的教师与其他行业工资结构差异的比较研究对本文有很大的启发。该研究通过比较基础教育教师与其他行业的工龄—工资剖面曲线的差异来反映工资等级结构的不同，为直接工资等级无法比较提供了一种近似替代的解决方式。

该研究的数据基于墨西哥的国家城市劳动力调查和全国家庭收入与支出调查两个微观的个体层面的入户调查数据。借鉴 Lopez Acevedo（2002）的研究，本文对于教师与其他行业的工资比较将按以下思路进行：①选取教师行业的市场参照行业；②直接比较教师与其他行业的工龄—工资曲线；③在控制个体特征和地区差异后，比较教师与其他行业工龄—工资拟合曲线；④模拟分析同一个劳动者选择进入教师行业与非教师行业，在工作 1 年、3 年、5 年、10 年和 15 年时将获得的潜在工资水平的差异。

2. 数据来源

数据来源于北京大学中国社会科学调查中心在 2009 年实施的中国家庭动态跟踪调查数据库（Chinese Family Panel Studies，CFPS）。该项调查研究实施的主要目的在于通过跟踪个体、家庭和社区三个层面的数据来反映中国社会的人口、教育、健康和经济的变迁情况，为政策决策和学术研究提供数据。2009 年的抽样调查范围为北京、上海和广东三个省份，共调查了 2 400 户，有效成人问卷 5 489 份。

该调查中将中国职业共分成了十大类，每类中又细分具体的职业，共有909 个职业类别。这十大类包括①国家机关、党群组织、企业、事业单位负责人；②专业技术人员；③办事人员及有关人员；④商业工作人员；⑤服务性工作人员；⑥农、林、牧、渔、水利业生产人员；⑦生产工人、运输工人及有关人员；⑧警察及军人；⑨不便分类人员；⑩其他无业人员。其中第②类专业技术人员中可以细分到初等学校教学人员和中等学校教学人员职业，详见附录 5。该数据库的调查问卷中包含有劳动者的基本工资收入、浮动工资与津补贴、单位发放的实物折算等工资项目；此外还有劳动者的个体特征如性别、受教育程度、工龄等信息，及所在地区等。因此，基于该调查数据，我们可以在控制劳动者个体与地区特征的基础上，合理比较义务教育教师与其他行业的工龄—工资差距。

3. 市场参照行业的选取

从已有研究中对教师市场参照行业的选取来看，多数研究在分析中选取了多种行业或行业的组合作为参照系。

Lopez Acevedo（2002）对墨西哥的工资研究中选择了三类市场参照系，第一类是农林牧渔业；第二类是低技能组包括清洁工与服务生等；第三类是混合技能组包括专业技术人员、技工、艺术家、运动员、管理者及制造业中的管理人员、行政工作等。其中第三类职业选择的依据是教师可能会考虑并有机会进入的其他可选择职业。Santibanez（2002）同样对墨西哥的教师工资结构进行了研究，基于1998年的数据分析了教师与其他职业劳动者的工资差异。其他职业选择的是公立和私立部门的办公室人员、行政人员、技术员及专业职业，年龄超过12岁、教育年限在10岁以上的劳动者。

Psacharopoulos, Valenzuela, and Arends（1996）在对12个拉美国家1989年的教师与非教师行业工资进行比较时，选取了15岁以上公立与私立部门的全体劳动者为参照系。Werner Hernani－Limarino（2005）在对17个拉美国家的教师与非教师行业工资比较的分析中，选择了三种不同的非教师群体样本，第一种是调查样本中的所有非教师群体，第二种是至少完成了中等教育的所有样本，第三种是限制了职业为办公室人员、技术（专业）人员。Alejandra Mizala&Pilar Romaguera（2005）在分析智利国家义务教育教师与其他行业工资水平及结构差异时，选取的非教师行业的对照组是年龄在15岁以上、在私立和公立部门工作的所有非农业工人。

从国外研究对教师参照系选取的依据来看，考虑的主要因素包括受教育程度、职业的专业技术特性、非农业的工作性质这几个方面。因此，结合前面第三章教师工资水平分析时市场参照系的选取思路，本研究共选取了四类非教师参照系，分别是公务员行业、制造业工人行业、学历相当行业和除教师外的其他专业技术人员，其中学历相当行业选取的是2010年与义务教育教师学历构成相似的行业，包括信息传输、计算机服务和软件业；科学研究、技术服务和地质勘查业；金融业；卫生、社会保障和社会福利业；公共管理和社会组织这五个行业。除教师外的其他专业技术人员包括社会科学与自然科学研究人员、工程技术人员、医疗卫生技术人员等20个行业，详见附录5。
教师与参照系数据的样本分布见表4-4。

表4-4 各行业的样本分布统计

行业类别	样本量
义务教育教师	31
公务员	109
制造业工人	422
学历相当行业	248
除教师外的其他专业技术人员	153

二、义务教育教师与其他行业工龄—工资曲线的直接比较

本文采用的工资数据为调查问卷中劳动者一年的基本工资、浮动工资与
各种补贴及加班费、单位发放的实物工资的总和。图4-3绘制了教师与其4
个参照系行业的工龄—平均工资的曲线。

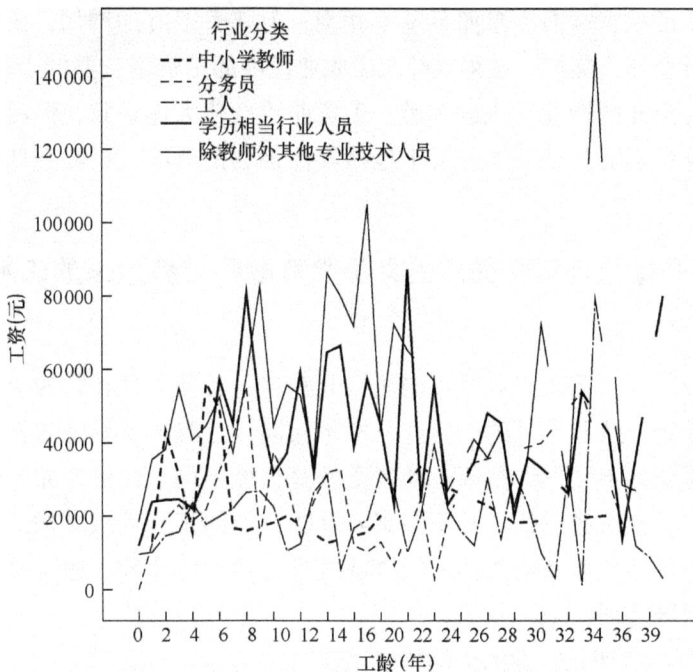

图4-3 教师与其他行业人员的工龄收入曲线比较

图4-3中可见，位于最上方的曲线是除教师外的其他专业技术人员，该行业劳动者随工龄的增加年工资先增加后减少，呈现倒U型曲线的形式，在工作18年左右时达到了年工资的最高值。然后是与教师行业学历相当的行业参照系，该行业劳动者的工龄—年工资曲线同样是呈现了倒U型的形式，在工作20年左右时有个明显的拐点。教师行业、公务员以及制造业工人的工龄—工资曲线则倒U型趋势并不明显，特别是在工作8年以后，随着工龄的增加，工资收入围绕着平均水平上下波动，增长率较小。

教师行业与其他专业技术人员和与教师学历相当这两个参照系的工龄—工资曲线变化比较后发现，在工龄为0~6年的区间段内，教师行业与两个参照系的年工资水平及变动基本相当。但在工作6年以后，教师行业的工龄—工资曲线一直位于学历相当行业和除教师外的其他专业技术人员的下方。与公务员相比，教师行业的工龄—工资曲线与公务员的曲线变化大体相似，且两者之间差距不大。与工人工龄—工资曲线相比，教师行业的曲线变化要略高于工人的工龄工资曲线变动。

因此，描述性分析的结果可以初步判断，教师初入职时的工资与其他专业技术和学历相当这两个参照系基本相当；但随着工龄的增加，工资等级并不如其他行业那么陡峭，使得教师之后职业发展的工资增长要低于其他行业。教师与公务员和制造业工人的工龄—工资曲线变化大体一致，但由于本研究统计的公务员工资只是基本工资不包括其他福利待遇等，可能会低估公务员的年工资。

三、控制个体与地区特征后的义务教育教师与参照系的工龄—工资比较

由于教师与参照系行业所在的地区分布并不相同，且教师的个体特征与其他参照系行业从业人员的个体特征并不相同，这意味着教师与其他参照系的工龄—工资的不同也许是因劳动者受教育程度不同、性别差异等个体特征或地区工资差异所造成的，并不能真实反映行业间工资等级结构的不同。若想对教师与其他参照系的工龄—工资曲线进行科学的比较，还需要控制个体的特征和地区特征。

1. 教师与参照系行业的个体特征比较

若只关注工龄对工资的影响，需要控制的劳动者工资收入的个体特征因

素有很多，不同的研究者多数基于明瑟收入函数中的关键变量，并在此基础上有所增加。如 Lopez Acevedo（2002）的研究控制了正规受教育年限、年龄、性别、工作时长和是否从事第二职业；而 Alejandra Mizala&Pilar Romaguera（2005）的研究选取了受教育年限、潜在工作年限、潜在工作年限的平方、是否拥有专业学位、男性与工作年限的交互项、男性与工作年限的平方的交互项、是否单身、是否是男性、工作地点是否是城市、是否拥有自己的店铺、是否是自我雇佣、在家工作还是出去工作、不赚钱的家庭成员数、是否是军人及 12 个地区虚拟变量。Werner Hernani – Limarino（2005）的研究中选取了受教育年限、潜在工作年限、性别、居住地这几个因素。

　　本研究在控制个体特征时同样基于明瑟收入函数，选取了性别、受教育年限、工龄、平均每天工作小时数这几个主要特征变量，变量的描述统计结果见表 4 – 5。描述分析结果表明，从各行业性别构成来看，只有义务教育教师行业的女性超过了男性，女性占比达 54.8%，其他行业均是男性比例稍高于女性。从平均每天工作小时数的比较来看，各行业平均工作在 8 小时左右，其中制造业工人每天工作小时数最高，平均每天工作 8.64 小时，然后就是义务教育教师每天工作 8.35 小时。从工龄来看，调查样本里义务教育教师的工作时间最长，平均在 11.29 年，其他行业在 7~9 年左右。从受教育年限比较结果来看，义务教育教师的平均受教育年限最高，为 15.5 年，然后是除教师外的其他专业技术人员的平均受教育年限为 15.1 年。

表 4 – 5　教师与非教师行业的个体特征描述

行业分类	女性比例	工作小时数 均值（标准差）	工龄 均值（标准差）	受教育年限 均值（标准差）
义务教育教师	54.80%	8.35（1.5）	11.29（9.7）	15.5（0.8）
公务员	40.40%	8.08（2.5）	8.54（8.5）	13.7（2.9）
制造业工人	49.10%	8.64（1.9）	7.43（8.1）	10.7（3.7）
学历相当行业	46.80%	8.1（2.0）	9.22（9.0）	14.3（2.8）
除教师外的 其他专业技术人员	41.20%	8.18（1.9）	9.7（9.3）	15.1（2.2）

　　2. 控制个体和地区特征后的方程估计结果

　　为了在控制个体和地区特征后，更科学合理地给出教师与非教师行业的工龄—工资曲线，本文基于明瑟收入方程，建立如下函数关系：

$$\ln W = \beta_0 + \beta_1 S + \beta_2 EXP + \beta_3 EXP^2 + \sum_{i=1}^{n} \alpha_i X_i + u$$

其中 W 为年工资，S 为受教育年限，EXP 为工龄，也就是关键的自变量，X 包括性别、工作小时数、工作地点这几个控制变量。

各行业模型的回归分析结果见表 4-6。估计结果表明，在控制了个体和地区特征以后，义务教育教师的工龄对年工资的对数具有显著的正向影响，而工龄的平方项系数为负但并不具有显著性，这意味着义务教育教师的工龄与年工资对数之间的关系更有可能是一种线性关系。对于公务员群体，无论是工龄还是工龄的平方项对其收入的对数都没有显著性影响，该模型中工龄并不是公务员收入的决定性因素。对于制造业工人、学历相当人员和除教师外的其他专业技术人员这三类参照系群体，在 0.01 的置信水平下，工龄对收入对数的影响都为正，且工龄的平方项系数都为负。这表明在制造业工人、学历相当人员和其他专业技术人员这三类群体中，工龄与工资收入之间的关系呈倒 U 型，即随工龄的增加，劳动者的年工资先增加后减少。

个体的受教育年限对工资收入的影响在五个模型中都具有显著性，且系数为正。从教育收益率来看，义务教育教师的教育收益率最高为 22.6%，教师的教育年限每提高 1 年，年工资提高 22.6%。这表明现行的工资体系下，教师的学历仍然是工资分配的重要依据，受教育年限的提高将对教师收入有重要影响。

每周工作小时数对教师和公务员这两个群体的收入具有正向影响，但并不显著。对于制造业工人、学历相当行业及除教师外的其他专业技术人员，每周工作小时数则具有显著的正向影响，即每周工作小时数越长，则年工资收入越高。

性别变量对于义务教育教师、制造业工人和其他专业技术人员都有显著性影响。在义务教育教师模型中，女性教师的工资收入显著高于男性，这也许和义务教育教师群体中女性教师比例较高有关。而在制造业和其他专业技术行业中，都是男性工资显著高于女性，或许是这些行业中男性的劳动生产率要高于女性，或者另一种可能是这两大类行业中存在着一定程度的性别歧视，但该模型中我们无法进一步辨别。

地区变量对劳动者年工资有显著影响，这表明不同地区间劳动者的工资收入具有显著差异。从回归系数来看，上海地区义务教育教师行业、公务员、制造业的劳动者的工资收入要显著高于其他两个地区的平均水平，然后是北京地区的义务教育教师、公务员、制造业工人和学历相当行业的工资收入水平。

表4-6　教师与其他参照系人员的工龄收入方程估计结果

因变量：年工资的对数

自变量	义务教育教师（MODEL1）	公务员（MODEL2）	制造业工人（MODEL3）	学历相当（MODEL4）	除教师外其他专业技术人员（MODEL5）
（常量）	5.481**	6.531***	6.933***	6.301***	7.753***
工龄	0.096**	0.040	0.063***	0.083***	0.087***
工龄的平方	-0.002	0.000	-0.002***	-0.001***	-0.002***
受教育年限	0.226*	0.165***	0.113***	0.196***	0.114***
每周工作小时数	0.030	0.028	0.062**	0.060**	0.055**
性别（1=男，0=女）	-0.317*	0.136	0.256*	0.060	0.262**
北京（1=是，0=否）	0.857***	0.380**	0.383***	0.179*	0.007
上海（1=是，0=否）	0.901**	0.748**	0.383***	0.257	0.137
F（sig）	3.058（0.02）	11.171（0.000）	18.305（0.000）	29.185（0.000）	13.910（0.000）
调整后的R2	0.342	0.254	0.228	0.331	0.287
样本量N	31	109	422	248	153

*$p<0.1$；**$p<0.05$；***$p<0.01$。

由于上述模型要回答的核心问题是工龄与收入之间的函数关系，但表4-6中给出的义务教育教师和公务员的工资模型1（MODEL1）和2（MODEL2）中，工龄的平方项并不具有显著性，这意味着收入与工龄之间二次函数形式的设定并不符合教师行业和公务员行业的工资等级变动特点。而考虑到义务教育教师工资通常随工龄的增加而增加，是一种单一的线性关系，并不会出现倒U型的拐点，因此本研究认为，建立工龄与收入之间的线性函数关系更为合适。在对模型 1 和模型 2 去掉平方项，建立工龄与年工资收入之间的线性回归模型后，估计结果见模型 MODEL1' 和 MODEL2'（表 4 - 7）。

回归结果表明，在采用了工龄与年工资之间的一次线性关系的模型估计后，两个模型中，工龄对年工资的对数都具有显著影响，且系数为正。并且在 MODEL1' 中，义务教育教师的教育收益率要高于 MODEL1，达 24.5%。

表 4 - 7　义务教育教师与公务员的年工资对数方程估计结果

因变量：年工资的对数

自变量	义务教育教师（MODEL1'）	公务员（MODEL2'）
常数项	5.145**	6.614***
工龄	0.035**	0.021**
性别（1 = 男；0 = 女）	- 0.337*	0.141
受教育年限	0.245*	0.167***
上海	0.610	0.742**
北京	0.637**	0.383**
每天工作小时数	0.078	0.022
F 值（sig）	3.058***	12.969
调整后的 R2	0.324	0.256
样本量 N	31	109

　*$p < 0.1$；**$p < 0.05$；***$p < 0.01$。

四、义务教育教师与市场其他行业的工龄—工资曲线模拟比较

1. 义务教育教师与其他行业的工龄—工资模拟曲线

为了更为直观地比较义务教育教师与其他行业劳动者的工龄—工资曲线变化的差异，我们假设一个本科毕业的男性劳动者选择在北京工作，期望每天工作 8 小时，假设他 22~25 岁之间大学毕业，工作 35 年以后退休。那么，他未来从事不同职业后的工龄—工资对数曲线，我们就可以根据表 MODEL1' 和 MODEL2' 及表中模型 MODEL3、4、5 的回归方程预测得到。在得到了五个行业的工龄—年工资对数的对应点以后，再将对数工资转换成年工资，绘制得到五个行业的工龄—工资的拟合变化曲线，见图 4 - 4。

（元）　◆中小学教师　■公务员　▲学历相当行业　✕除教师外的专业技术人员　✳制造业工人

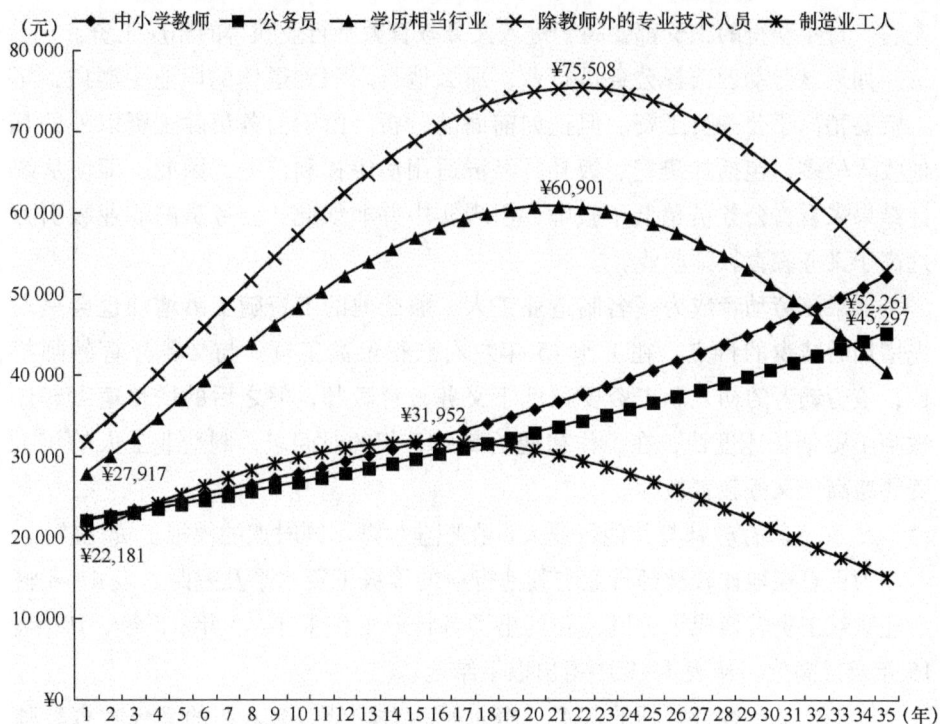

图4-4　各行业工龄—工资拟合曲线图

根据图4-4的拟合结果，如果该男性大学毕业生选择从事义务教育教师职业，那么他初入职时获得的年工资约2万元；之后随着工龄的增加，收入不断提高，直至退休获得最高工资。

与除了教师外的其他专业技术行业相比，如果该男性大学生能够进入该行业，那么他入职的工资将高于义务教育教师。自入职以后，他的工资将随着工龄的增加而不断提高，在工作23年左右时获得最高工资，之后工资水平有所下降。但在整个职业生涯的35年间，每年该男性获得的年工资都要高于成为一名义务教育教师的年工资。

同样，假如他选择进入与教师学历相当的行业如信息传输、计算机服务和软件业、卫生、社会保障和社会福利业或者公共管理和社会组织等行业，那么他从自入职起，工资随工龄先增加后减少，平均工作19年左右能够获得该行业的最高工资。他的起点工资将比义务教育教师高，最终获得的最高工资比进入教师行业退休时的最高工资要高。该男性劳动者自入职到工作30年左右，每年获得的工资都要高于进入义务教育教师行业获得的相应工资。

如果该劳动者选择公务员行业，那么他自入职到退休的职业生涯内，年工资要稍高于公务员工资。但正如前面的分析，由于公务员除工资以外的其他收入较多，包括加班费、饭补、经济适用房等福利待遇，因此，即使从统计结果来看，公务员稍低于教师，但现实中并非如此，公务员的职业吸引力远高于义务教育教师职业。

如果该劳动者成为一名制造业工人，那么他的工资随工龄增加也会呈现先增加后减少的特点，在工作15年左右获得最高工资。与义务教育教师相比，该劳动者的初入职工资要稍低于义务教育教师，但之后的增长速度却比教师工资增长速度快，在工作初期的5～15年的时间里，制造业工人的年工资要略高于义务教育教师。

2. 义务教育教师与其他行业人员在职业生涯不同时点的模拟工资比较

为更直观地比较教师行业与其他行业的等级工资水平及差距，表4-8将上述对数工资转换成了工资，并列出了各行业工作1年、3年、5年、10年、15年及最高值。从表4-8中得出以下结论。

第一，义务教育教师的起点工资水平相对较低。初入职的义务教育教师年工资比除教师外的其他专业技术人员年工资低9 583元，比学历相当行业人员低5 580元，只比制造业工人高1 655元，比公务员高156元。

第二，义务教育教师在职业生涯中所能获得最高工资水平也相对较低。从最高工资水平比较来看，义务教育教师获得最高工资为52 261元，比从事除教师外的其他专业技术人员最高工资低23 247元，比学历相当的行业人员最高工资低8 640元，比公务员高6 964元。

第三，当工作15年左右时，义务教育教师的相对工资水平较低。比较后发现，义务教育教师在工作15年后获得的工资要比除教师外的其他专业技术人员年工资低37 243元，比学历相当行业劳动者工资低25 313元，甚至比制造业工人年工资还要低222元。工作15年的教师平均年龄约在35～40岁左右，这一时期的教师通常是一个学校的骨干教师，在教书与育人方面都有了一定的积累；并且该年龄段的教师通常肩负着更多的家庭责任（对父母及对子女），如果该时期的教师工资水平远低于其他行业，将会加剧教师心里的不公平感，从而造成教师的显性流失或隐性流失。

第四，从整个职业生涯的收入来看，义务教育教师的终身收入相对较低。在上述假设条件下，该男性获得的终身收入为1 234 309元，将比进入其他专业技术行业总收入低91.57万元，也比进入与教师学历相当的其他行业总收入低51.46万元，只比制造业工人的终身收入高31.37万元。若从终身投资回报的角度考虑，若再不提高义务教育教师各等级的工资水平，那么理性的男性大学毕业生必将会选择其他职业。

表4-8　教师与参照系工龄—收入的比较（元）

工龄	义务教育教师	除教师外的其他 专业技术人员	学历相当 行业人员	制造业工人	公务员
1 年	22 337	31 920	27 917	20 682	22 181
3 年	23 482	37 384	32 435	23 086	23 133
5 年	24 686	43 088	37 086	25 362	24 125
10 年	27 973	57 297	48 339	29 912	26 796
15 年	31 698	68 941	57 011	31 920	29 762
最高值	52 261	75 508	60 901	31 952	45 297

本章小结

本章在竞赛理论、公平理论等工资等级相关理论的指导下，围绕现行的义务教育教师工资等级结构的等级数量、等级中间值、级差、工资幅度、等级重叠度、档次与档差这六个方面展开了深入的讨论，并在此基础上，基于北京大学2009年的CFPS家庭入户调查数据库，对教师与非教师行业的工资等级结构进行了比较，得出以下主要结论。

第一，义务教育教师的工资等级主要体现在岗位工资和薪级工资两个部分，目前这两部分的工资等级数量设计并不合理。从制度本身来看，小学教师分六级、中学教师分九级；但从各等级的工资幅度来看，实际上小学教师的前三个等级的工资范围基本相同，后三个等级的工资范围与中间值差异很小，所以实际上小学教师工资只有两个主要工资等级。中学教师有三个工资等级。

第二，义务教育教师的工资等级结构过于平坦化，等级之间级差很小，最高与最低等级工资差距小。小学教师最高工资等级比最低工资等级的月工资仅高出 434 元，中学教师最高等级工资比最低等级高出 1 008 元。实际调查结果也表明，小学教师从最低工资等级到最高工资等级年工资只增加了约 1 万元，而中学教师只增加约 6 千元，工资等级过于扁平化。较小的级差也使得晋升难以对教师产生较好的激励效果。

第三，等级间级差上涨幅度的设计不合理。良好的工资结构中工资级差应该是逐步递增的，递增的幅度与教师能力的提高和经验的丰富相一致。然而，我国小学教师的级差并不是逐步递增的，反而到高级级差有所减少。同样，中学教师的级差也没有任何规律性，从工资低级到高级级差时增时减，变化不一。

第四，档差的设计也并不符合等差形式或等比形式，难以体现等级结构的内部一致性。通常工资设计中档差设计有等差和等比两种形式，保证内部档次之间工资设计的公平性。然而义务教育教师的工资档差设计既不符合等比也不符合等差形式，只能说是类似于等差形式的设计，许多档次之间的档差都相同，且档差的值较小，最低档差只有 11 元，最高也只有 45 元。

第五，义务教育教师的起点工资水平相对较低。对于一个受过本科教育在北京每天工作 8 小时的劳动者而言，若成为义务教育教师，那么初入职时的年工资将比他成为专业技术人员年工资低 9 583 元，比进入学历相当行业的工资低 5 580 元，只比成为制造业工人高 1 655 元，比公务员高 156 元。

第六，义务教育教师在工作 15 年时的工资收入远低于其他行业。对于一个受过本科教育、在北京每天工作 8 小时的劳动者而言，他在教师行业工作 15 年后获得的工资要比其他专业技术人员年工资低 37 243 元，比学历相当行业的劳动者工资低 25 313 元，甚至比制造业工人年工资还要低 222 元。

第七，义务教育教师在职业生涯中所能获得的最高工资水平也相对较低。从最高工资水平比较来看，义务教育教师获得的最高工资水平为 52 261 元，比从事除教师外的其他专业技术人员最高工资低 23 247 元，比学历相当的行业人员的最高工资低 8 640 元，比公务员高 6 964 元。

第八，从整个职业生涯的收入来看，义务教育教师的终身收入相对较低。在上述假设条件下，该男性获得的终身收入为 123.43 万元，比其他专业技术行业总收入低 91.57 万元，也比学历相当的其他行业低 51.46 万元，只比制造业工人的终身收入高 31.37 万元。

第五章

学校内部工资再分配的绩效激励：绩效工资改革个案研究

　　绩效工资制度产生于企业管理，并在应用中取得了巨大成功，研究表明约 3/4 的大型企业都采用绩效工资制度①。许多国家也尝试将绩效工资制度引入了教育领域，如英国最早于 1710 年在部分地区实施了基于学生阅读、写作和算术测验成绩的教师绩效工资制度②。美国的教师绩效工资制度则最早出现在 1908 年的马萨诸塞州牛顿市，自 20 世纪 20 年代以来，美国公立中小学在较大范围内展开了绩效工资改革实验，但由于教师绩效工资制度本身的弊端及由此导致的教师的强烈反对，在其后的几十年里逐渐停了下来。但是，在最近的十年间，教师绩效工资改革再次掀起了高潮，美国、英国、澳大利亚、法国、德国、新西兰、瑞典、墨西哥、印度、肯尼亚、以色列等国将教师绩效工资改革与国家追求教育优异、提升教育质量的内在需求相联系，逐步采用绩效工资制度以改变传统的工资制度，在基于绩效评价的基础上给教师奖励或惩罚，取得了一定的积极效果③。

　　2006 年，在国家事业单位收入分配改革的背景下，人事部、财政部、教育部发布了《关于印发高等学校、中小学、中等职业学校贯彻事业单位工作人员收入分配制度改革方案的实施意见的通知》，规定："中小学教师岗位绩效工资由岗位工资、薪级工资、绩效工资和津贴补贴四部分组成，岗位工资主要体现工作人员所聘岗位的职责和要求；薪级工资主要体现工作人员的工作表现和资历；绩效工资主要体现工作人员的实绩和贡献。津贴补贴分为艰苦边远地区津贴和特殊岗位津贴补贴"④。2008 年底，国务院办公厅转发人力资源和社会保障部、财政部、教育部《关于义务教育学校实施绩效工资指导意见》的通知（以下简称《通知》），规定义务教育学校从 2009 年 1 月 1 日起实施绩效工资。

　　从国家事业单位工资改革的目标来看，此次绩效工资改革是要逐步理顺我国收入分配关系，建立科学合理、公平公正的收入分配体系，充分调动广

---

　　①　[美] George T. Milkovich, Jerry M. Newman. 薪酬管理（第九版）[M]. 成得礼，译. 北京：中国人民大学出版社，2008.

　　②　贾建国. 美国中小学教师绩效工资改革及其对我国的启示 [J]. 比较教育研究，2009（9）：85 – 88.

　　③　贾建国. 美国中小学教师绩效工资改革及其对我国的启示 [J]. 比较教育研究，2009（9）：85 – 88.

　　④　关于津补贴类型等详细规定见 2006 年《关于印发高等学校、中小学、中等职业学校贯彻事业单位工作人员收入分配制度改革方案的实施意见的通知》。

大职工的工作积极性和创造性。在国家事业单位改革的背景下，中小学教师绩效工资改革的一个重要目的就是要建立义务教育学校的分配激励机制，体现激励功能，重点向一线教师、骨干教师和班主任教师倾斜，并促进学校进一步加强内部管理，提高管理水平和效益。但据笔者参与全国多个地区的学校调研来看，多数学校的绩效工资方案都存在一定的问题，有些是普遍存在的共性问题。为此，本章以广西壮族自治区 A 学校为典型案例，来揭示学校绩效工资方案中的突出问题，深入剖析问题产生背后的制度原因，并尝试给出合理化的对策建议，期望对义务教育学校教师的工资改革有所启示。

第一节　教师绩效工资改革的理论探讨及研究现状

一、期望理论

期望理论最早是由美国的托马斯（K. W. Thomas）和列文（K. Lewin）在 1932 年提出的，后由美国心理学家弗罗姆（V. H. Vroom，1964）发展后将其应用到管理学领域中。弗罗姆认为，个人的行动都基于一种预期，即努力能够产生结果，而这个结果又是具有吸引力的。用函数公式可以表示为：M（激励力量）$= V$（目标效价）$\times E$（期望值），即人们采取某种行动的动力或激励作用取决于其对行动结果的价值评价和预期达成该结果的可能性估计[1]。

根据期望理论，教师个人如何决策在一项工作中应投入多大努力的心理过程可分成如下几个环节。

首先，教师会考虑自己的尝试和付出努力能否带来好的绩效。如果教师个人认为努力能够带来成功，相信自己有能力实现高绩效，那么她就更有可能在特定的工作中付出较多的努力。

其次，教师个体会思考良好的绩效带来组织奖励的可能性有多大。如果好的绩效必定会得到组织的奖励，那么教师愿意付出的努力也就越多。绩效与奖励之间的关系越密切，教师付出努力的积极性也就越高。

最后，教师个体要衡量特定奖励的效价，即该奖励对于被奖励者而言的

---

[1]　V. H. vroom, Work and Motivation, New York：John Wiley and Sons, 1964. q.

价值。如果奖励对于某个体具有很高的价值，该个体也非常渴望得到这个奖励，那么，该教师一定会提高自己的努力程度；反之，她将大可不必尽力而为。

期望理论的主要贡献在于，"它阐明了个人目标以及努力与工作绩效、绩效与奖励、奖励与个人目标满足之间的关系"[1]。该理论为指导奖励性工资的实践并评估组织的绩效工资政策提供了基础。

借鉴期望理论的思想，我们要注意学校在设立教师奖励项目时，必须要让教师感到通过努力能够可以成功达到该目标；要对良好的绩效给予及时的奖励，并且奖励的方式要让教师感觉到有价值，值得为之加倍努力。

二、人事管理经济学的工资支付理论

人事管理经济学中关于工资理论的探讨丰富了工资的研究领域，不仅讨论了员工个人的工作效率，还对工作本身的特点进行了归类。从企业而不是劳动力市场的角度分析了员工工资的规定。人事管理经济学中给出两类工资支付的依据，即基于产出的工资支付和基于投入的工资支付，并比较了二者的优缺点。

如果基于产出的工资支付在某一行业内是可行的，那么这种支付形式将会产生两种效应，激励效应和筛选效应。以教师行业为例，激励效应主要体现在假如我们能够找到合适的评价教师产出的标准，那么根据教师的业绩来支付工资，将能够鼓励教师提高教学水平和工作热情，从而提高学生质量，进而对社会做贡献。筛选与激励作用的主要区别在于，激励主要是针对在职教师，分析一个基于学生成绩的工资方案对教师工作努力程度的影响。而筛选的作用机制则完全不同。以基于学生成绩来支付教师工资的方案为例，有的教师本身就比其他教师更擅长提高学生成绩。因此，当学校进行工资制度改革实行基于成绩的工资制度时，那些擅长提高学生成绩的教师将获得更高的收入，所以这种工资支付模式将会鼓励更多擅长提高学生考试成绩的劳动者进入教师行业。

相对而言，基于投入的工资支付则不需要考虑产出与学生收入之间的联系。该制度主要依据教师前期的人力资本投资、当前的工作投入来支付工资。

---

[1] 李志筹. 薪酬体系设计与管理实务 [M]. 南京：凤凰出版社，2012.

经济学中认为，该制度尤其适用于风险规避的劳动者，因为基于投入的工资支付使得劳动者的收入不完全取决于产出，它使劳动者规避了风险，并不再把精力都放在那些容易测量的产出方面。

三、多任务委托代理理论

简单的委托—代理理论假定代理人只从事单一的工作，且代理人的努力选择是一维的。但在现实中的许多情况下，代理人所从事的工作不止一项，或者同一项工作也涉及多个维度；进一步地，同一个代理人在不同工作之间的精力分配上也是有冲突的[①]。比如，一个教师不仅要交给学生基础知识，而且要注重培养学生的创造力和想象力。当代理人从事不同工作时，委托人对不同工作的监督能力是不同的，有些工作可能比另一些工作更难监督。如可通过学生考试成绩判断学生学到多少知识，但要测量学生的创造力和想象力从而知道教师在这方面花费了多少精力是很困难的。那么，当不同工作的监督的难易程度不同时，对于易于监督工作的过度激励将会诱使代理人将过多的努力花在这些方面而忽视其他方面，从而导致资源配置的扭曲。如将教师的报酬与学生成绩或是升学率挂钩则可能导致教师不注意花精力培养学生的创造力和想象力。

霍姆斯特姆和米尔格罗姆（Holmstrom and Milgrom，1991）证明，当代理人从事多项工作时，对任何给定工作的激励不仅取决于该项工作本身的可观测性，还取决于其他工作的可观测性。如果委托人期待代理人在某项工作上花费一定的精力而该项工作又不可观测，那么，激励工资也不应该用于任何其他工作。特别地，在某些情况下，固定工资合同可能优于根据可观测的变量奖惩代理人的激励合同。

四、团队生产理论

"团队"（Team）是指一组代理人，他们独立地选择努力程度，但创造一个共同的产出，每个代理人对产出的边际贡献依赖于其他代理人的努力，不可独立观测。

另一项反对绩效工资的观点从团队生产理论的角度出发，认为教师的工

---

① 张维迎. 博弈论与信息经济学 [M]. 上海：上海人民出版社，2005。

作需要团队协作才能完成，在教师个体层面引入绩效工资将会减少教师间的合作，结果最后降低学校的整体绩效。一些学者认为，绩效工资将使教师间以及教师与校长间团队合作的动力被摧毁。特别是当行政管理者有分配绩效工资权利的时候（Adnett，2003）。当然，这只是对个体绩效工资项目的批评。对整个学校教师进行激励的项目将不会产生团队的道德风险，但这种团队合作仅仅在较小规模的团体中才能实现。经济学的理论表明，如果团队规模较大，则基于团队产出来激励员工将会产生搭便车行为，因为团队规模的扩大使得团队内部对个体产出的监测变得困难（Kandel & Lazear，1992；Vyrastekova，Onderstal，& Koning，2006）。奖励教师产出的方式还有其他种形式，不一定只有固定的竞赛模式。一项由范德比尔特大学设计的一种绩效激励方案在美国大都会的那什维尔公立学校实施，教师们的绩效测评标准只依据其过去的绩效。这个标准在实验一开始时就已固定并将在之后的实验中保持不变，这意味着所有在实验组的教师都有提高的机会。从原则上讲，所有教师最终都可能超过这一标准并获得奖励，当然这种奖励需要相应的地区政府增加更多的财政支出。

团队绩效工资形式较个体绩效工资计划而言能够很好地鼓励团队合作，有利于企业建立良好的团队合作文化，提高个体对团队或组织利益的关注。并且，对于团队和组织绩效的衡量比衡量个人的贡献更容易。但基于团队或组织的绩效也容易产生搭便车问题，在监管不力的情形下，部分员工会出工不出力。此外，团队内员工技能和知识经验若差别较大，根据团队来支付个体相同的工资也会造成新的分配不公。如果学校教师的合作程度较低，相互交流和学习的机会较少，那么基于个体的绩效工资则激励效果更好。

五、理论启示

第一，期望理论对教师绩效工资的实施有以下几点启发：①较高的激励工资比较低的激励工资要好；②必须使教师相信他们能够影响绩效目标；③教师对自身能力的评价很重要，学校应该意识到完成目标水平所需的培训和资源。

第二，人事管理经济学的工资支付理论给出的启示是，教师绩效工资计划不能采用简单的基于产出的计件工资形式。如果学校实行的是基于成绩的计件工资制度，那么将使那些能够容易提高学生成绩的教师获得更高的收入，所以这种工资支付模式将会鼓励更多擅长提高学生考试成绩的人进入教师行业。

第三，根据多任务委托代理理论，学校在考评教师时不能只考评单一的方面，也不能给某一方面赋予过高的权重。学校与教师之间实际上是一种多任务委托代理的关系，教师的劳动内容具有多样性和创造性，教师对学生的培养是多方面和多角度的，既要教书，又要育人；既要传授知识，又要发展学生的智力；既要关心学生的学习，又要关心他们的身心健康；既要保证学生具有集体共性，又要保证学生的个性得以充分发展①。因此，学校对教师的绩效考评方案若看重某单一指标，将会产生道德风险和扭曲激励，使得教师过分围绕绩效考评指标而努力，忽视其他方面的育人劳动。

第四，团队工资理论的启示在于，教师该采用个人的绩效工资还是团队绩效工资要考虑的因素有：团队规模、团队内员工经验技能的差别及学校教师的合作程度。根据团队生产理论，若团队规模较大，则监督困难，搭便车现象将会严重；而团队内员工知识水平差别较大，基于团队的绩效工资则会产生内部分配的不公平；学校教师的合作程度较低，相互交流和学习的机会较少，那么基于个体的绩效工资则激励效果更好。因此，在对学校教师实施绩效工资时必须考虑学校团队特征、教师知识差别及合作程度，从而选择合适的绩效工资计划形式。

六、教师绩效工资的国内外研究现状

由于单一工资制无法体现效率的缺陷及学校面临提高绩效的压力，许多国家和地区开始实施基于市场或绩效的工资改革。美国的许多州和地区都设立额外的奖励来鼓励有经验的教师去那些绩效低的学校任教（Prince，2002），如福罗里达州、明尼苏达州、德克萨斯州都已在州内鼓励学校和学区实施绩效工资。国会也以教师奖励基金（Teacher Incentive Fund，TIF）来推动教师工资的市场化改革，以两年20亿的项目来鼓励各州设立奖励高绩效教师的计划（Podgursky and Springer，2007）。

美国的五次学校和教师调查（Schools and Staffing Survey，SASS，1990—1991，1994—1995，1999—2000，2003—2004）对8 000所公立学校中43 000

---

① 靳希斌. 教育经济学 ［M］. 北京：人民教育出版社，2008.

名公立学校教师进行了调查，结果表明，在 2003—2003 年，39.8% 的教师接受的是对获取资格证书（NBPTS）的奖励，然后是 35.9% 的教师获得的在职职业发展奖励，25.3% 的教师因任教短缺学科而获得额外的奖励，14% 的教师获得了绩效奖励工资，13.1% 的教师获得偏远地区工资补偿。从 16 年的教师工资改革趋势来看，出现明显增长的是基于学科来支付差异化的工资。在 1987—1988 年，只有 7.5% 的学区（覆盖 11.3% 的教师）提供这种差别工资奖励，但到 2003—2004 年这一比例提高至 12% 的学区（覆盖 25% 的教师），这些奖励主要针对短缺学科特殊教育、数学、科学、生物等学科。Podgursky（2007）基于 SASS 和密苏里州堪萨斯市的调查数据，探讨影响公立学校、私立学校和特许学校采取不同的薪酬管理政策的原因，以及这些不同政策对学校教师质量的影响。研究结果表明，管理上的自由、较小的工资设定单位及竞争的市场环境使得私立和特许学校的薪酬管理政策更趋近于市场化并基于绩效支付工资。这些政策实践使得特许与私立学校比公立学校招聘到了更高教育程度的教师。

1. 教师绩效工资的理论探讨

国外的研究中，Murnane and Cohen（1986）最早对绩效工资在教师行业的适用性提出质疑，认为教师业绩相比其他行业领域来讲更难以准确、稳定和有效地监督与评价，因为教师的产出不像销售员、律师那样较明显地容易测量。Adnett（2003）从团队生产理论角度出发，认为教师的工作需要团队协作才能完成，在教师个体层面引入绩效工资将会减少教师间的合作，教师间以及教师与校长间团队合作的动力将会被摧毁，特别是当行政管理者有分配绩效工资权利的时候，最后结果会降低学校的整体绩效。当然，这只是对基于个体绩效奖励的工资计划的批评。对基于学校教师进行团队绩效激励的项目将避免内部难以合作等问题，但经济学的理论表明，如果团队规模较大时，对团队成员的个体产出将难以相互监督，基于团队产出来激励员工将会产生搭便车行为，使得部分员工故意偷懒（Kandel & Lazear，1992；Vyrastekova, Onderstal, & Koning, 2006）。Edward P. Lazear（2003）基于人事管理经济学理论，对基于投入支付和基于产出支付这两种工资形式的利弊进行了分析，认为如果能够找到合适的教师产出的测量标准，那么基于产出的工资支付将比基于投入的工资支付形式具有相对优势，体现在激励教师努力工作的激励效应和吸引更高质量的人才进入教师队伍的筛选效应。

拉齐尔 Edward P. Lazear（2003）根据他的人事管理经济学理论，分析了基于产出型的工资（个人和团队）、基于投入型的工资和基于学科支付的工资，分析了这些制度在应用到教师行业时产生的优缺点。

Glewwe（2004）运用多任务委托代理理论分析了激励的作用及弊端，然后对肯尼亚义务教育进行的一项随机实验研究做了介绍，为教师们提供基于学生成绩的激励，结果表明：学生成绩确实比对照组有显著提高，但教师的出席率并没有提高，家庭作业布置和教学方法并没有改变，而学生提高的更多是应试考试的技巧。这支持了理论预测的结果，以学生成绩的提高为激励只会产生一个短期效果，长期来看没有作用。Besley（2005）构建了理论模型，在委托代理理论框架下，引入了代理人具有内在动机的假设，并据此分析了公共部门的激励问题，特别是当工人们具有内在动机并且部门是一个使命为导向的部门如医院、学校时，该如何制定工资制度。

Hendrik Juerges（2006）基于锦标赛理论，对学校系统进行了分析，表明引入集中的测评考试将有利于教师质量的提高。即使教师工资并没有和绩效挂钩，教师从声誉的角度考虑到可以比较的客观结果，他们也会增加努力程度的。

Muralidharan & Sundararaman（2008）根据 Homstrom and Milgrom（1991）的多任务委托代理理论分析，如果仅依据学生成绩来奖励教师可能会使得教师只专注于某一绩效考核的方面（学生的考试技巧）而忽视了提高学生技能和创造力等其他方面，从而使教师行为产生扭曲，只为考试而教学（Teaching to test），或是通过一些短期策略来提高绩效，如在考试前透露考题（Figlio and Winicki，2005），让成绩差的学生不来参加考试（Jacob，2005），甚至成绩造假等（Jacob and Levitt，2003）。Hendrik Juerges（2006）基于锦标赛理论对学校系统进行了分析，表明引入集中的测评考试将有利于教师质量的提高。即使教师工资并没有和绩效挂钩，教师从声誉的角度考虑到可以比较的客观结果，他们也会增加努力程度。

国内学者李福华（2002）在义务教育工资制度的比较分析中，重点讨论了该使用计件工资还是计时工资，纵向还是横向的相对业绩，锦标赛制度，效率工资是否适用。文中建议义务教育的工资制度不适于采用类似计件工资的形式，而适合采用类似锦标赛制度的形式，实行竞争性的岗位工资津贴。同时，效率工资理论适用于义务教育，应当提高义务教育教职工的工资水平。

另外，李福华（2002）还对高校教师工资制度进行了理论分析，除上述角度探讨外，还包括了运用委托代理理论对高薪防懒、高薪育忠的理论分析，最后结合马克思的劳动价值论，给出了高校教师的理论年收入＝（教师人力资本投资＋应获得的合理报酬＋教师进一步发展的费用）／成为教师后的继续工作年限。作者认为教师实际收入应高于理论年收入，否则教师不愿意进行人力资本投资。

骆品亮（2000）运用多任务—委托代理理论较为详尽地分析了大学教师教学与科研多任务下产生的扭曲性激励问题，并根据已有研究的解决思路，为达到帕累托最优，引进主观评价机制，对客观评价结果进行主观的加权。该研究认为为避免多任务委托代理产生的道德风险，应该对高效教师薪酬进行改革，将教师工资构成分基本工资、教学奖金及论文著作和项目奖励三个部分，从而激励大学教师合理安排教学与科研任务。

杨挺（2010）从人力资本的视角审视教师绩效工资制度，提出绩效工资的实质是学校通过契约对教师人力资本价值的价格标示。绩效工资符合三个基本假设，即①教师劳动过程是其人力资本的价值实现过程；②学校与教师的任用关系是一种基于人力资本的契约关系；③绩效工资的实质是基于人力资本价值差异而形成的价格差异机制。赵德成（2010）基于心理学的公平理论、期望理论和认知评价理论对义务教育实行绩效工资中要注意的问题进行了理论分析，建议学校的绩效奖励要满足教师的需要，同时要保证分配公平与程序公平。鲜红和陈恩伦（2010）的研究以制度经济学的理论为基础，分析了义务教育教师绩效工资政策实施中的交易费用。这种交易费用对政策顺利实施形成了"摩擦力"，受信息不对称、机会主义、有限理性以及资产专用性等因素的影响，可能导致政策实证或时滞。为了防止或减少交易费用的阻力作用，需要不断地降低这种交易费用，而完善制度是根本举措。

夏茂林（2010）从马克思主义政治经济学中的劳动价值论和现代管理学中的心理激励基础对高校实行绩效工资进行了理论分析，他认为，绩效工资有着坚实的经济学基础和管理学依据，但也有着特殊的实施条件。由于大学教师人力资本水平较高且教师绩效评价的复杂性决定了高校不具备实施绩效工资的条件。作者建议只有在能够保证绩效评价公平与可靠的前提下，才可以选择合适的绩效工资形式，推行该制度。

2. 教师绩效工资的实施效果评价

国外关于教师绩效工资实施效果评价的研究多采用实验或准实验研究的方法，通过对照组与实验组的前后对比来科学评价绩效工资政策的效果，对于教师产出的测量主要是依据标准化学生成绩增加值。如 Glewwe & Ilias & Kremer（2004）的研究对肯尼亚的一项基于成绩奖励教师的项目进行了评估。该项目随机选取了实验组和对照组学校各 50 所，通过方差分析来比较实验组与对照组的学生成绩是否存在显著差异，并利用广义最小二乘（GLS）分析绩效工资政策的作用机制。研究结果表明，实验组的学生成绩确实有明显的提高，但提高的途径是教师通过考前的辅导课程提高了学生短期的考试技能，对学生未来学习的长期影响较少。Lavy（2002，2008）开展的一项准实验研究对以色列地区升学率小于等于 45% 的学校进行实验干预，干预内容是基于学生分数的提高来奖励教师。研究采用了倍差法和断点回归两种评估方法，结论是实施绩效工资政策的学校学生的考试参与率与平均成绩都要高于对照组。Muralidharan & Sundararaman（2008）的研究在理论分析的基础上，对印度地区开展的一项教师绩效奖励方案的实验研究效果进行了评价，其中绩效奖励分基于教师个体绩效的奖励与基于团队绩效的奖励两种方案，通过依概率比例抽样选取了控制组和两个实验组各 100 所学校，利用倍差法对实验前后学生成绩的比较后，得出结论是：教师绩效工资政策确实提高了学生的考试参与率与平均成绩，但基于个体和团队的绩效奖励这两种形式对学生成绩的提高并无显著差异。

国内由于各地绩效工资制度落实相对较晚，到目前为止，对某一个区域乃至全国的绩效工资改革的调查研究并不多。庞丽娟等（2010）的研究追踪调研了广西、甘肃、上海、湖北、河南等 12 个省区的 22 个市 55 个县的绩效工资落实情况，研究发现绩效工资改革缺乏完善的财政保障机制和配套政策，使得许多地区出现政策兑现迟、推行困难的问题。何嘉（2010）对江苏省义务教育绩效工资政策实施后，绩效工资与绩效考核制度对教师专业发展的正反两方面影响进行了调查分析，发现江苏省义务教育教师绩效工资与绩效考核制度在促进教师专业发展方面有贡献，但其自身内容问题和有可能导致的正面功能异化等方面都值得予以关注。柴江（2011）选取苏北地级市的两个区、两个县级市、五个县的 1 930 名初中教师以及 42 所学校的校长就绩效工资问题进行问卷调查，结果发现：部分学校没有实施绩效工资；绩效工资月均为500多元，有、无实施绩效工资的教师收入有差异；不同区域初中教师的绩效工资收入有显著差异；绩效工资并非"职称工资"，不同职称教师的绩效工资收入相差不大。雷美（2010）对重庆市某县农村义务教育学校教师绩效工资的实施进行了问卷调查，调查内容包括教师对绩效工资的态度，对政策内容的了解，改革前后工资的变动，工资发放和考核形式等多方面内容，研究发现，多数农村学校教师对绩效工资的改革内容和政策不够了解，学校的绩效考核办法并不透明，绩效工资的激励效果欠佳。

3. 简要述评

关于绩效工资的研究，目前国内讨论较多的是对于绩效工资政策落实中存在问题和解决办法的现实讨论，对于绩效工资是否适用于义务教育教师行业的理论探讨相对较少，并且实证研究也是基于问卷调查反映绩效工资存在的问题，缺少细致深入的对学校绩效工资究竟如何分配的案例研究。

第二节 绩效工资的概念与类型

一、绩效的概念

绩效，英文为Performance，又译为表现或业绩。目前对绩效概念有着三种不同的理解，分别认为绩效就是结果，绩效就是行为，绩效就是能力。

将绩效视为结果的观点认为，"绩效是个体行为的结果"，如Bernardin等人将绩效定义为："在特定的时间内，有特定的工作职能或活动产生的产出记录，工作绩效的总和是关键和必要工作职能中绩效的总和"。

将绩效视为行为的观点认为，绩效是指个体在工作场所的行为。如Murphy将绩效定义为"是一套与个体或组织所工作的单位目标相关的行为、业绩，不是行动的后果或结果，它本身就是行动"。

另外一种观点将工作绩效与胜任工作的特性相联系，如Woodruffe认为"能力是一种明显的、能使个体胜任完成某项工作的行为"。

综合三种观点，从更广泛的意义上讲，本文认为绩效的概念既包括结果，也包括行为和能力。

二、绩效工资的类型①

绩效工资包括短期奖励与长期奖励两种类别，具体形式包括个人绩效工资、团体绩效工资和组织绩效工资三种类别。短期激励是指基于 1 年或更短时间内的绩效来支付工资的激励形式，长期则超过 1 年。个人、团体和组织绩效工资的区别在于奖金是基于何种对象的业绩：个人绩效工资基于个人绩效支付工资，团队主要是部门或项目组的整体绩效，组织绩效则是指全公司的绩效。

1. 个体绩效工资

个体绩效工资包括计件工资、计时工资、几类特殊的短期计划和长期激励计划，下面将分别介绍。

（1）计件工资。计件工资制是以完成的工作量或者产品件数作为计算报酬标准的一种绩效工资形式。员工的工资随产品数量的增减而不同，员工自身掌握工作时间的长短。

计件工资有完全根据产品数量计算的工资，也有保障的计件工资，即底薪加产品数量提成。另外除了直接的固定工资率的计件工资计划外，计件工资还有其他的形式，如梅里克计划，以标准产量为依据，根据实际产量水平的不同确定三种不同档的计件工资率：①高档—实际产量100%超过标准产量；②中档—实际产量为标准产量的83%～100%；③低档—实际产量低于标准产量的83%。

计件工资制一般适用于以下情况：工作性质重复，产品便于使用件数计算；工作监督困难，不便采用计时工资；有必要鼓励员工提高生产速度、增加产品数量。

（2）计时工资。绩效工资中的计时工资是建立在一定的工作标准基础上，以员工节省的工作时间数量或者单位时间内提高的工作效率作为考察对象来计工资。

两种典型的计划如标准工时计划和贝多计划。标准工时计划是依据员工生产效率高于标准水平的比例支付给员工同等比例的工资，其中生产效率就是效率系数，是生产单位产品所需标准时间和实际投入工作时间之比。如某

---

① 米尔科维奇. 薪酬管理 [M]. 北京：中国人民大学出版社，2008.

位员工每天工作8小时，基本工资40元，其标准的产量是每小时生产10单位产品，每单位产品需6分钟。如果他实际1天生产了160单位的产品，那么生产每单位产品实际花费3分钟，那么该员工生产效率系数为2，当天工资收入为80元。贝多计划不是计算完成整项工作所需时间，而是将一项工作细分成简单的动作，然后按照中等技术熟练程度工人的标准确定工时定额，如果工人完成工作时间少于标准时间，工资方面将会得到相应的激励。

（3）绩效加薪。绩效加薪工资制度将基本工资的增加同员工的绩效评价结果联系在一起。如在绩效年度的年终，上级主管对员工的绩效评价分1~5级，最高级1级远高于平均水平，那么自下年起该员工将获得6%的基本工资涨幅。但由于绩效加薪会使员工每年的工资都会有一定的增长，且工资增长具有累加性，则此种计划成本较高。采用绩效加薪的两个前提是：①工资的增加符合员工生产力水平；②是员工长期维持期生产力水平后才增加其固定基础工资。绩效加薪计划实际中多应用于白领、行政人员、文秘及特殊专业人员。

（4）一次性奖金。一次性奖金是员工年终依据本人绩效得到的工资奖励，不计入基本工资。一次性奖金相比绩效加薪有明显优势，可以有效解决工资水平应处于工资顶端范围员工的激励问题，同时它在保持绩效和工资挂钩的情况下减少了基本工资的累加效应所引起的固定工资成本的增加。

（5）个人现场奖励。之所以称之为现场奖励是因为假设员工会当场获得奖励。这种奖励被授予那些在某些特殊项目上表现突出的员工，或是授予那些绩效超过期望、理应在奖金之外再加一份的员工。这种奖励并不是所有员工都能获得，只有部分做出了杰出贡献或表现突出的员工才有可能获得，这种奖励在大公司会有一套正式的认可机制，但在小公司会相对随意些。

（6）长期奖励。长期绩效奖励计划是指奖励周期在一年以上，对实现既定目标给予奖励的计划，通常激励计划在3~5年。长期个人激励主要应用于企业高层管理人员，常见形式如经理股票期权。高层管理人员的工资主要由三部分构成，基本工资、津补贴和股票期权，其中前两种形式主要是短期激励，后一种股票期权则是长期激励。

长期激励的优势在于能够让企业管理人员关注企业的长期发展，并分享企业的收入，通过企业的发展吸纳、保留企业人才。长期激励计划主要有股票增值权、虚拟股票、业绩股票、股票期权等。

总体而言，个体绩效工资制度的优点在于将个人绩效与工资相联系，以调动员工工作积极性，并减少公司的监督成本。但缺点在于容易使个体只注重个人利益而忽视团队和组织利益。

2. 团队绩效工资

团队绩效工资即基于团队的整体绩效来支付团队员工的工资。具体的团队绩效工资的类别包括班组或小团队奖励计划、斯坎隆计划、所得分享计划等。这些计划能够发挥基于团队绩效和个人绩效的优势，在实际中应用广泛。

（1）班组或小团队奖励计划。班组计划是计件和标准工时计划的变形，用来衡量团队业绩的指标可以是产量系数也可以是效率系数。第一种形式是只基于团队能够控制的绩效指标变化确定团队共同的绩效奖金。第二种形式是根据团队整体产出确定产量标准，再依据团队既定的计件工资率，发给每个员工相同的奖金。第三种形式则更为复杂，先确定团队成员的工作标准和产量，然后分别依据团队成员的平均绩效水平、产量或效率最高的绩效员工水平、产量或效率最低的绩效员工水平来确定每个员工的平均工资。

（2）斯坎隆计划。该计划由美国联合钢铁公司工会主席斯坎隆提出，基本思路是每个行业和企业中都有一个平均劳动成本，用这个平均劳动成本比率乘以该企业的销售额或生产总额，得到应该支付的工资总额，再用该工资总额减去实际工资总额就是公司的全部奖金。此计划通常适合人数较少的企业（少于1 000人），且劳动力和销售额能保持稳定的比例。

（3）所得分享计划（Gain Sharing Plan）。所得分享计划是指企业与员工分享由于绩效提高（生产率提高、成本节约或质量提高）带来的"额外增加"形式的奖励，也成为收益分享计划。典型的如克拉克计划，实质是以企业的净产值为基础给员工发放绩效工资。

3. 组织绩效工资

组织绩效工资是将员工个人工资与全公司的绩效紧密联系在一起，常见的有利润分享计划和员工持股计划。

（1）利润分享计划（Profit Sharing Plan）。利润分享计划是根据公司利润或者其他某种衡量标准来确定工资的计划，具体衡量标准包括会计利润、投资回报、资本收益、销售收入、附加值率等其他指标。员工按照一个实现确定的百分比，根据企业的整体业绩获得年终奖、股票、现金或者延期支付的奖金。

（2）员工持股计划（Esop）。员工持股计划的基本形式是企业把一部分股票交给信托委员会，其数额依据员工年工报酬总额的一定比例确定，信托委员会把股票存入员工的个人账户，在员工退休或者不再工作的时候发给他们。

团队绩效工资和组织绩效工资形式较个体绩效工资计划相比，能够很好地鼓励团队合作，有利于企业建立良好的团队合作文化，提高个体对团队或组织利益的关注。另外，对于团队和组织的绩效的衡量比衡量个人的贡献更容易。但基于团队或组织的绩效也容易产生搭便车问题，在监管不力的情形下，部分员工会出工不出力。另外，团队内员工技能和知识经验若差别较大，根据团队来支付个体相同的工资也会造成新的分配不公。

第三节　广西壮族自治区 A 小学的绩效工资改革案例研究

一、案例学校基本情况介绍

A 小学成立于 1954 年，位于距县城 1 公里的农村。2010 年 9 月因县教育局将周边的五所小学撤并到该学校，使得该学校成了一所寄宿制小学。A 学校占地面积5 888.8平方米，校舍面积4 639平方米。2011 年，A 学校共有学生 768 人，教师 71 人[①]。71 名教师中有女教师 39 名，年龄在 35 岁以下的教师共 15 人，获小学高级职称的教师共 54 人。该校的教学质量在全县处于中等水平。

二、A 学校奖励性绩效工资方案介绍

A 学校教职工奖励工资以学校为基本单位分配，根据上级下拨学校的奖励性绩效工资总额，结合学校分配方案实施分配。A 校在职教职工基础分 300 分，工作成绩分 160 ~ 230 分。

---

① 2 名教师休产假和请长病假，除校长外实际参与绩效考核分配的共 68 人。

教师奖励性绩效工资分数 = 基础分 + 职务奖励分 + 其他工作奖励分 + 教育教学成绩奖励分 – 各项扣分

（一）职务奖励分

1. 副校长 3 人，职务分取基础分的 80%。

2. 党支部书记 1 人，职务分取基础分的 70%。

3. 教务主任 1 人，职务分取基础分的 70%。

4. 政教主任 1 人，职务分取基础分的 70%。

5. 总务主任 1 人，职务分取基础分的 70%。

6. 办公室主任 1 人，职务分取基础分的 70%。

7. 少先队辅导员 1 人，职务分取基础分的 70%。

8. 政教副主任 1 人，职务分取基础分的 65%。

9. 教务副主任 3 人，职务分取基础分的 65%

10. 班主任 18 人，职务分取基础分的 50%。

11. 报账员 1 人，职务分取基础分的 50%。

12. 教研组长 2 人（语、数各 1 人），职务分取基础分的 30%。

13. 年级组长 4 人（1 至 3 年级语数各 1 人，4 至 6 年级语数各 1 人），职务分取基础分的 25%。

14. 任课教师职务分取基础分的 20%。

15. 食堂管理员、食堂会计职务分取基础分的 30%。

16. 食堂组长 1 人，生活教师组长 3 人，职务分取基础分的 10%。

17. 兼任多职的只加一次基础分的 5%。（任课教师职务不算在内）。

（二）教育教学成绩奖励分（取 2010 年秋学期期末考试平均分）

1. 非统考科目教师成绩分为 190 分。

2. 不上课的中层领导成绩分取上课的中层领导成绩分的平均值。

3. 生活老师和后勤人员按比例评定出一、二、三等奖，每学期评一次。一、二、三等奖的比例按 1∶7∶2 评比，一、二、三等奖由学校奖励性绩效工资考核领导小组根据教师的平时工作表现进行联评。一等奖得 200 分、二等奖得 180 分、三等奖得 160 分。

4. 借调到其他单位或工作途中调入我校的教师奖励性绩效工资分数，如果在我校计算绩效工资，则取任课教师的平均值。

5. 统考科目的成绩计算方法如下。

表5-1 成绩得分计算法

与县平均分相比	获得分数
高于15分以上	230
高于5~15分（含15分）	220
高于5分以内（含5分）	210
持平或低于5分以内	200
低于5~10分（含10分）	195
低于10分以下	190

上两个或两个以上班级的，每个班教育教学成绩奖励分除以班级数再相加。如李四任两个班的数学教学，一班得190分，2班得210分，计算方法为：

$$1 班 \quad 190 \times 1/2 = 95 分$$

$$2 班 \quad 210 \times 1/2 = 105 分$$

$$合计：95 + 105 = 200 分$$

量化考核时，负责量化考核的领导必须坚持客观公正的评分和量分，不得徇私舞弊，如有徇私舞弊行为，经举报属实的除扣除该教师相应的分数外，还要同等扣掉考核领导的相同分数。所有人员的考核结果经过考核小组核实后公布。

6. 考核时间：以一个学期为周期，全学期从开学第一天开始到放假结束。

（三）出勤扣分以及其他奖励分按《A小学教师奖惩制度》执行。

三、A学校奖励性绩效工资总体水平分析

A学校2010年秋季奖励性绩效工资分数及工资分布的总体情况见表5-1。由于A学校所在县教育局规定校长的绩效工资具体分配以教育局的考核结果和学校规模为依据，不再参与学校奖励性绩效工资分配，因此表中只给出了除校长以外的教师奖励性绩效工资分配统计。

第一，绩效考核分值动态确定，2010秋季考核每分值约3.7元。A学校考核分值的确定是根据上级拨款和学校总分数来确定，2010年秋上级学校拨款共149 412元，全校总得分40 264.35分，计算得到每一分值3.710 776元。A学校之所以用动态确定分值，是因为A学校所在县对学校的拨款是动态分配的，该县的学校绩效总量分配规定如下：

"按学校办学质量占 20%、学校学生人数占 10% 和学校教职工岗位数占 70% 进行核定总额后拨付给学校,其中学校办学质量按考核分为优秀、良好、合格、不合格四个等次,按等次系数拨付。具体的等级系数为:优秀 1.2,良好 1.1,合格 1.0,不合格 0.5"。这意味着该县在绩效工资分配时采用了基于组织绩效的工资类型,根据学校的办学质量来拨款。因此,A 学校采用分值变动来核算教师工资,可以保持教师间绩效差距不变,从而整体变动工资水平。

第二,教师奖励性绩效工资平均为 2171.41 元/每学期,奖金主要分布在 2 000 ~ 3 000 元之间。从教师奖励性绩效工资的频次统计直方图 5 – 1 可见,奖励性绩效工资主要分布在 1 500 ~ 3 000 元之间,其中获得奖金在 2 000 ~ 3 000 元之间的人数比例最多,占教师总数的 66.2%;奖金在 1 500 ~ 2 000 元之间的人数比例为 29.4%。

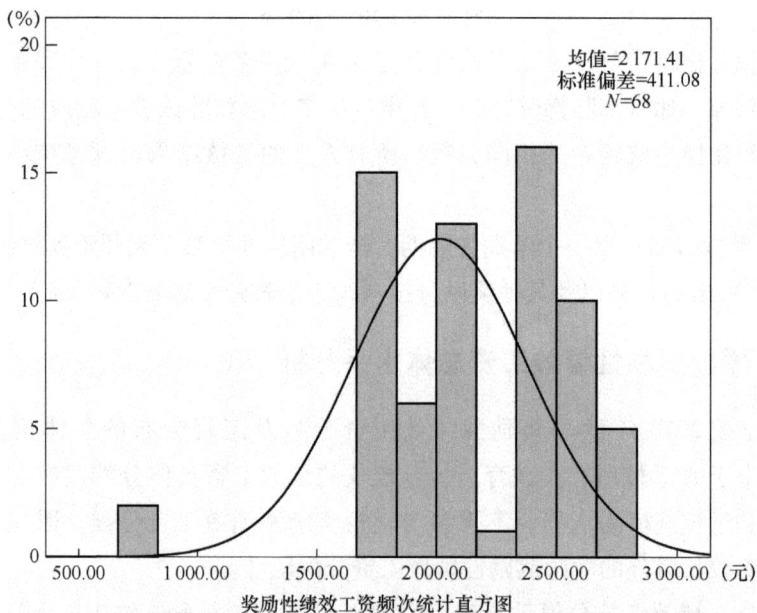

奖励性绩效工资频次统计直方图

图 5 – 1　奖励性绩效工资分布

四、A 学校奖励性绩效工资方案存在的问题及原因分析

基于 A 学校的绩效工资文本方案和调研搜集到的教师实际工资分配数据，我们对 A 学校绩效工资计划的类型、分配依据和绩效奖励情况等方面进行了分析，发现 A 学校的绩效工资分配主要存在以下三个方面的突出问题。

第一，学校采用的是基于成绩的计件工资计划，不符合义务教育教师的工作特点。

计件工资制是以完成的工作量或者产品件数作为计算报酬标准的一种绩效工资形式。从 A 学校奖励性绩效考核得分的五项构成来看，只有教育教学成绩奖励分、其他工作奖励分、各项扣分这三项体现了个体的绩效。其中其他工作奖励分和各项扣分这两项实际分值很小，最高不超过 10 分，所以，实际上依据绩效支付工资的部分主要是教育教学成绩奖励分。那么，从表 5 - 1 给出的教育教学奖励分的核算方式可知，该项得分的计算完全是根据教师所带班级的教学成绩。以统考教师为例，教师所获分数共分六个等级，分类标准是所教班级平均成绩与县平均分的比较。最高等级的教师获得 230 分，最低等级教师获得 190 分，相差 40 分。由此可知，该校的绩效工资分配实际上是一种将教师教学成绩视为产量，并基于产量支付报酬的计件工资制度。

从笔者参与北京市、河北省、云南省、广西壮族自治区、贵州省等多地区学校的调研情况来看，许多学校的奖励性绩效工资分配都是采用类似 A 学校这样的基于成绩的计件工资制度，并且越是经济落后的地区成绩得分在教师考核中所占的比重越大，其中走访的贵州省某国家级贫困县的一所农村中学甚至完全依据教师所带班级的期末统考成绩来分配奖励性工资。那么，从理论上讲，这种基于成绩的计件工资制度是否适用于教师行业？

人事管理经济学家拉齐尔认为，计件工资制实质是基于产出来支付工资，如果基于产出的工资支付在某一行业内是可行的，那么这种支付形式将会产生两种效应——激励效应和筛选效应[1]。以教师行业为例，激励效应主要体现：在假如我们能够找到合适的评价教师产出的标准，那么根据教师的产出来支付工资，将能够鼓励教师提高教学水平和工作热情，从而提高学生质量，进而对社会做出贡献。而筛选作用则指基于产出的工资方案将能够吸引更多

---

① Edward P. Lazear. Teacher incentives [J]. Swedish Ecnomic Policy Revies. 2003 (10)：179 - 214.

高绩效的人才加入教师行业。但是，激励效应和筛选效应产生的共同前提是能够找到合适的衡量教师产出的评价标准。

在教育领域内，依据产出来支付工资就需要首先弄清楚教师的产出是什么？也就是教育的目标是什么？由于学校间不存在很强的竞争性，学校必须自己设定他们认为正确的教育目标。尽管我国的教育是要培养德智体美劳全面发展的综合人才，但从政府的公共目标角度来看，基本目标是要将学生们培养成一个具备基本技能、能够从事生产活动的劳动力。因此，基础教育阶段的首要任务是保证人们基本的识字率，消除文盲，进一步的任务则是培养具备谋生的知识和技能、能够为个人和国家创造财富的人才，也就是促进学生人力资本的形成。但问题是，学生通过教育投资形成的人力资本只有在多年之后才能获得收益，所以虽然依据学生未来收入来支付教师工资最科学合理，但显然不现实。因此，如果采用计件工资制度，学校必将会寻找其他变量作为未来收入的代理变量。以 A 学校为例，就采用教师所教班级的学生成绩作为产出的衡量，但这样就会产生激励与筛选效应的扭曲。这是因为采用学生成绩作为收入代理变量的前提是，假定成绩好的学生将来收入也高，但现实中二者之间并不总是严格的因果关系。这就使得教师们更多地注重提高学生的应试技巧和考试成绩，而不是更多地引导学生发展自己的谋生技能如动手能力、人际交往能力等，由此对教师的激励产生了扭曲。另外，对筛选效应也同样产生了扭曲，最终在学校里教学的人们都是擅长提高成绩的教师，但这些教师并不一定是那些能够提高学生们职业技能和素质的教师。

从各国的实践来看，尽管英国、澳大利亚、美国等国采用的基于学生学业成就的绩效工资方案对这些国家的办学质量产生了一些积极影响，包括提升学生学业成就，使学校获得了更多的外部支持，但同时如理论所述，也带来了一些消极影响：绩效工资对教师激励的有限性、应试教育之风重新盛行、学校变得行政化和官僚化等。研究表明那些高风险问责的教育系统中，教师更倾向于过度关注单一的测验成绩，甚至更改测验成绩或是提前告诉学生们考试答案[1][2]。这些研究结论表明，基于成绩的计件工资制度并不是提高教师

---

① Brian A. Jacob, Steven D. Levitt. Rotten Apples: An Investigation of the Prevalence and Predictors of Teacher Cheating [J]. The Quarterly Journal of Economics, 2003, 118 (3): 843 – 877.

② Goldhaber, Hyung, DeArmond, . Player. Why Do So Few Public School Districts Use Merit Pay? [J]. Journal of Education Finance, 2005, 33 (3): 262 – 289.

绩效的完美工具。正如 Murnane and Cohen（1986）[①] 指出的，教师业绩相比其他行业领域来讲更难以准确、稳定和有效地被监督与评价。

综上分析，基于成绩的计件工资制度并不适用于中小学教师行业，若一味推广采用此种形式的绩效工资将会把教师考核变成小学狠抓检测成绩、中学狠抓升学率，回归到唯分数论的老路上去。

第二，绩效工资分配以职务、岗位为重要分配依据，没有体现绩效工资的本意。此次绩效工资改革的本意是要在工资分配时重点向一线教师、骨干教师和班主任教师倾斜，按教师个体绩效分配。但从表5-2中给出的案例学校工资得分情况可见，在教师奖励性绩效工资考核得分中，职务分在奖励性绩效得分中的比例接近11%，是除了基础得分和成绩分以外最大的分配决定因素，其他体现绩效的加分和出勤扣分等比例都不足1%。另外从变异系数衡量的各项得分内部差异来看，教师之间在职务分上差异最大。

表5-2　绩效工资各项得分情况

统计指标	基础分	成绩分	职务分	各种加分				出勤扣分	总得分	奖金
				黑板报、班级文化	流动红旗	教学加分	荣誉证书			
平均得分	295	190	96	2	3	3	3	4	585	2 171
百分比	49.4%	24.1%	10.9%	0.6%	0.5%	0.4%	0.5%	0.7%	100%	
变异系数	0.10	0.12	0.83	1.85	0.90	0.81	0.00	1.27	0.19	

为进一步检验职务变量对奖励性绩效工资分配是否有显著的影响，本文检验了七类不同职务教师的奖励性绩效工资差异。方差分析的检验结果表明（见表5-3），不同职务教师的奖金分配存在显著性差异（$F = 32.927$，$p = 0.000 < 0.01$）。副校长职务的奖金最高，平均为2 742元；最低是生活教师和食堂人员，平均奖金1 750.79元，相差992元。学校任课教师的平均奖励性绩

[①]　Richard J. Murnane, David K. Cohen. Merit Pay and the Evaluation Problem: Why Most Merit Pay Plans Fail and a Few Survive [J]. Harvard Educational Review, 1986, 56 (1): 1 - 18.

效工资比副校长低 665 元。由此可知，A 学校的奖励性绩效工资分配仍然是以职务和岗位为重要分配依据，没有体现出向一线教师倾斜的政策本意。

表 5-3　不同职务教师奖金描述统计

类别	教师分类	奖金均值	标准差	N
1	副校长	2 742.00	13.74	3
2	党支书、主任、少先队辅导员	2 648.20	28.73	5
3	副主任	2 587.50	24.47	4
4	班主任	2 446.64	34.05	14
5	教研、年级组长	2 439.83	138.13	6
6	任课教师	2 077.33	37.86	12
7	生活教师、食堂人员	1 750.79	332.27	24
	F 值	32.927		
	p 值	0.000 0		

　　同样，案例学校的这种依职务分配绩效工资的情况也并非个案，许多地区的学校都有向管理人员倾斜的工资分配方案，只是采取的形式有所不同。以笔者调研过的广西另一个中学为例，学校设置管理人员岗位津贴标准如下："校长岗位津贴是人均奖励性绩效工资的 1.5 倍，副校长、党支部书记为 1.4 倍，主任、工会主席为 1.3 倍，副主任、团总支书记为 1.25 倍"。有报道给出"2009 年浦东新区义务教育学校绩效工资年人均水平为：初中教师 7.38 万元，小学教师 6.98 万元，学校党政正职领导绩效工资人均水平 11.47 万元"[①]。这就激发了学校内部管理人员与任课教师之间的矛盾，使教师误以为绩效工资实际是"官效工资"。凤凰网对教师绩效评价的调查表明，"49.1%（31 673 名）的教师认为绩效工资分配中，学校明目张胆拿着教师的钱贴补领导"[②]。

　　产生这种现象背后的制度原因在于，现行的教师岗位绩效工资制度中，岗位工资的设计中缺少对学校管理人员工资序列的区别设计，目前学校校长、

---

① 胡耀宗，童宏保. 义务教育教师绩效工资政策执行中的问题及解决策略 [J]. 教师教育研究，2010 (4)：34-38.

② 吕星宇. 义务教育教师绩效工资改革逻辑分析 [J]. 中国教育学刊，2012 (6)：21-24.

副校长等行政管理人员的工资统一采用教师的专业技术岗位等级序列来支付工资，即根据所评聘的教师中级、高级职称支付岗位工资。从企业的薪酬设计角度来看，这种不考虑学校内部岗位差异的统一工资序列设计是不合理的，没有发挥岗位工资本应具有的体现工作人员所聘岗位的职责和要求这一功能，不符合薪酬设计内部一致性的原则。义务教育学校的管理人员多数是在教课的同时担任相应的管理工作，需要额外投入一定的时间、精力及通信费用等开销等，所付出的劳动和承担的责任也都要更多一些，理应获得比普通任课教师要高一点的岗位工资；但由于国家层面没有给出学校管理人员岗位工资的等级序列，并且在实施绩效工资改革后又将过去的各项津补贴统一纳入绩效工资，由学校制定方案自主分配绩效工资。这就相当于把岗位工资应有的功能转嫁给绩效工资来实现，把工资分配的权利交给了义务教育学校。正如学者赵宏斌所指出的，"在看似公平的绩效工资制度面前，如果学校管理者拥有了决定教师利益的权利，而这种权利又缺乏有效监督，也就必然会产生腐败，导致分配不公，使本该向一线教师倾斜的分配有意无意地倾向了领导阶层，这些情况在上海市、江苏省等一些已经实施义务教育绩效工资制度的地区有所显现"[①]。

第三，真正体现绩效的工资水平和比例较低，无法调动教师的积极性。从 A 学校的奖励性绩效工资分配方案中可知，真正体现个体绩效的是成绩分和各种奖励性加分及扣分。为了和奖励性绩效工资区别，将其称之为体现绩效的奖金。那么，这笔奖金若折算到月究竟有多少呢？基于我们搜集到的案例所显示的学校的教师工资数据[②]，以班主任李老师为例，每月体现绩效的奖金只有 117 元，占每月奖励性绩效工资的比例是 29.6%，占月工资总额的比例为 5.6%。科任教师孙老师体现绩效的奖金每月 123 元，占其月工资的比例只有 6.1%。以目前各地的物价水平，这一绩效奖金的水平实在太低，占教师月工资的比例也过低，不足以调动广大教师的工作积极性。许多教师在将这部分奖励金额与自己所付出的时间、精力进行比较之后，宁愿不要或少要这部分奖励以获取更多的闲暇时间。这一点在对案例学校教师的访谈中也得以证实，多数教师坦言，这一点奖金对自己并没有激励

---

① 赵宏斌，惠祥凤，傅乘波. 我国义务教育教师绩效工资实施的现状研究——基于对25个省77个县279所学校的调查 ［J］. 教育理论与实践，2011（10）：24 - 27.

② 注：搜集到案例学校2011年11月份的工资数据及2011年秋季的绩效工资数据。

效果。

表 5 - 4　体现教师绩效的奖金及占比分析　　　　　　　　单位：元/月

教师	体现绩效的奖金（X）	X 占奖励性绩效工资的比例	X 占工资总额的比例
潘老师（副校长）	122	26.5%	4.6%
李老师（班主任）	117	29.6%	5.6%
孙老师（科任教师）	123	35.5%	6.1%
韦老师（食堂管理员）	111	31.6%	5.2%

　　体现绩效的奖金较少从而无法激励教师的原因有三个方面。第一，是绩效工资的总量较少，缺少增量。从国家政策的规定来看，《通知》中规定绩效工资总量暂按学校工作人员上年度 12 月份基本工资额度和规范后的津贴补贴水平核定，其中规范后的津贴补贴按不低于当地公务员标准的原则确定。但从案例学校所在县的实际情况来看，该县在绩效工资改革之前教师与公务员的工资水平基本相当，因此改革之后绩效工资在总量上没有增加，相当于原来全体教师一个月的总工资。此外，此次改革政策规定取消过去教师的第 13 个月工资的年终奖，统一纳入绩效工资。所以县里实际上是将这一个月的工资拿来作为绩效工资按学期发放，这对于教师而言，感觉是拿自己的工资奖励自己，无法起到激励效果也就不奇怪了。第二，是国家政策规定的奖励性绩效工资占总工资的比例较低。政策规定绩效工资由基础性和奖励性绩效工资两部分构成，其中基础性绩效工资占 70%，体现了地区经济发展水平、物价水平，基本用于平均分配。奖励性绩效工资占 30%，主要体现工作量和实际贡献等因素，由学校自主分配。由于该县的绩效工资总量基本没有增量，因此绩效工资占教师工资的比例并不高，平均在 20%～30% 之间。如此一来，奖励性绩效工资实际占工资的比例仅在 6%～9% 之间。第三，是学校的奖励性绩效工资分配的依据不合理。案例学校的绩效工资分配中真正体现绩效的项目及比例都很少，只占奖励性绩效工资的 39.4%，而平均分配的基础分比例过高，为 49.4%，无法体现奖励性绩效工资的激励作用。

　　总之，从政策规定的绩效工资总量核定，到绩效工资结构的比例划分，再到学校内部设计，这层层的环节中存在的问题，最后导致了学校内部分配中真正体现教师绩效的工资水平较低，无法实现激励教师的政策目标。正如容中逯调研所揭示的，浙江省 14 所中小学有 13 名校长都反映"教师绩效工资实施后所带来的一个主要问题就是导致了教师教育教学工作新一轮的'吃大锅饭'现象"①。

本章小结

第一，A 学校的奖励性绩效工资是一种短期的基于个人绩效的工资类型，具体采用的形式是计件工资制的变形，不符合义务教育教师的工作特点。这种工资类型将教师的教学成绩视为产量，根据教师所教班级的平均成绩与县平均分的差值确定相应的个人绩效工资等级及分数。

第二，A 学校对教师考核采用分值的形式，然后再根据上级拨款和学校总分数来确定每分的货币价值。2010 年秋每分值 3.71 元，平均每位教师的奖励性绩效工资平均为 2 171.41 元/每学期，教师奖金主要分布在 2000 ~ 3000 元之间。

第三，绩效工资分配以职务、岗位为重要分配依据，没有体现绩效工资的本意。教师绩效考核由基础分、职务分、成绩分、各项加分和考勤扣分五项构成，其中基础分占总分的 49.4%，成绩分占 24.1%，职务分占 10.9%，其他各项分和考勤分所占比例不到 1%。

第四，真正体现绩效的工资水平和比例较低，无法调动教师积极性。以班主任李老师为例，每月体现绩效的奖金只有 117 元，占每月奖励性绩效工资的比例是 29.6%，占月工资总额的比例为 5.6%。科任教师孙老师体现绩效的奖金为每月 123 元，占其月工资的比例只有 6.1%。

---

① 容中逯. 教师绩效工资实施问题及其臻善——基于对浙江省的实地调研 [J]. 中国教育学刊，2012 (1)：38 - 47.

第六章

未来义务教育教师工资体系的
改革设想：工资体系模型重构

根据前几章对义务教育教师工资体系的实证研究的结论，现行的义务教育教师工资体系存在着教师工资水平相对较低、工资等级结构过于扁平化、绩效工资形式选择不合理等问题。本章将依据相关的工资理论，对教师工资水平、等级结构和绩效工资进行了理论探讨和再设计，以期为未来的工资改革提供参考依据。

第一节　提高义务教育教师工资水平的方案设计及可行性分析

一、最低标准：以每年 2% ~ 5% 的增长消除通货膨胀的影响

为抵消物价增长对教师实际工资的影响，国家应建立工资与物价增长相挂钩的工资增长机制。具体形式可以是每年根据物价增长幅度提高一定比例的教师工资作为补偿，也可以在教师工资构成中设立物价补贴，补贴的金额为教师工资乘以物价增长的比例，由国家每年根据居民消费指数的变动进行调整，从而保障教师的实际购买力不受物价波动的影响。

从过去我国物价指数的历史变化来看，在 20 世纪 90 年代，物价增长较快，平均年增长率在 9% 左右；而进入 21 世纪以后，物价增长有所减缓，平均年增长率在 2% 左右，20 年间平均年增长率在 5% 左右。基于物价变动的历史增长率，建议未来到 2020 年若想保持教师的实际工资水平不变，教师名义工资至少要增长 2% ~ 5% ，或是物价补贴标准为教师工资的 2% ~ 5% 。若按 5% 的物价增长幅度，估计 2020 年中小学教师平均名义工资水平应达到58 246元（见表 6 - 1）。

表 6 - 1　2020 年教师名义工资的标准

类型	确定依据	2020 年工资目标（元）	每年需要提高的百分比区间
最低标准	抵消通货膨胀	58 246	2% ~ 5%
法定标准	不低于公务员工资	164 637	16% ~ 17%
市场标准	位于国民经济中等偏上位置	187 246	17% ~ 18%
学历标准	与学历相当行业工资相一致	203 282	18% ~ 19%

二、法定标准：以每年 16% ~ 17% 的增长保证不低于公务员工资

2006 年 9 月 1 日实施的《中华人民共和国义务教育法》第三十一条规定，各级人民政府保障教师工资福利和社会保险待遇，教师的平均工资水平应当不低于当地公务员的平均工资水平。2010 年，我国中学教师工资已经首次超过了公务员平均工资水平，但未来若要继续落实教育法的规定，还需要保证教师工资的年增长率不低于甚至略高于公务员工资的年增长率。

2010 年，我国中学教师工资已经首次超过了公务员平均工资水平，但未来若要继续落实教育法的规定，还需要保证教师工资的年增长率不低于甚至略高于公务员工资的年增长率。自 1994 年《教师法》颁布以来，我国公务员名义工资最低增长率为 2009 年的 7.2%；最高增长率出现在 1994 年，比上年增长了 45.5%。平均来看，年增长率为 15.5%。因此，建议未来我国教师名义工资的年增长率至少要在 16% ~ 17% 之间，才能够保证不低于公务员的工资水平的法定要求。

三、市场标准：以每年 17% ~ 18% 的增长达到中等偏上水平

在市场经济的前提下，一些大型优秀企业为在吸引人才中获胜，纷纷定期开展工资调查，用以确定相关劳动力市场现行的工资标准。相比之下，教师工资标准和津补贴水平的调整则较为滞后，部分津补贴仍沿用 20 世纪 90 年代的标准，工资水平的确立也没能参照其他行业的工资水平，最终使得教师与其他行业工资水平的差距逐渐扩大。在不完全信息的劳动力市场中，支付教师具有外部市场竞争力的效率工资，能够吸引更多的高质量人才加入教师队伍，促进教师劳动力市场的竞争，提高教师队伍的质量。建议以国民经济其他行业的工资水平为参照，定期调整教师工资至国民经济行业中等偏上的水平。

2010 年，我国中小学教师行业名义工资比国民经济中等偏上行业工资低 17.8%，未来教师工资若想达到中等偏上水平，只有使教师工资增长率高于其他行业的增长率。从过去其他行业的增长率来看，自 1994 年以来国民经济中等偏上行业平均年增长率高达 15.7%。若未来中等偏上行业的标准仍按此增长率增长，那么到 2020 年中等偏上行业的工资水平将达到 187 246 元。中

小学教师工资若以此为目标，教师平均工资每年需要提高17.6%。

四、学历标准：以每年18%～19%的增长达到学历相当行业工资水平

1966年，联合国教科文组织在《关于教师地位的建议》中提出，教师工资应比支付给需要类似的或同等资格的其他职业的工资更为有利。根据前述人力资本理论，只有使教师行业劳动者的教育投资收益不低于其他学历相当行业，才能够促进优秀人才考虑投资教师教育如接受师范教育，以获得教师资格证或接受各类教育培训等。当前我国中小学教师工资与学历相当行业差距悬殊，2010年中小学教师名义工资比学历相当行业的平均工资低45.9%，只有大幅度提高教师工资才能达到学历相当行业的工资水平。根据与义务教育教师学历相当的五个行业自2003年以来的平均年增长率14.2%计算得到，2020年学历相当行业的工资水平将达到203 282元。据此计算教师行业的工资若在2020年想增长到这一水平，必须保证平均工资每年提高18.6%。

五、四种方案的经费需求及可行性分析

我国中小学教师工资长期不具有外部竞争力是由多种原因造成的，如国家财政性教育经费投入不到位，"以县为主"的财政体制造成了20世纪90年代贫困地区的大面积教师工资拖欠问题，教师劳动力市场的流动性较差，工资和补贴标准调整滞后等。但其中最关键的还是公共教育财政的投入对教师工资的增长提供的财政支持与保障不够，因此有必要核算教师工资增长方案的经费需求情况。

1. 经费需求核算的假设

对教师工资增长所需教育经费的预测建立在以下事实和假设之上。一是根据教育部的统计数据，2010年我国中学专任教师共591.88万人，小学专任教师564.58万人，共计约1 150万人。本研究假设未来10年中小学教师队伍总量仍保持这一规模不变，即新增教师与退休教师数量基本相当。二是根据世界银行的预测，假定中国未来进行平稳经济改革并且没有较强的外在冲击的情形下，中国经济的增长速度逐渐放缓，在2011—2015年间GDP增长率为8.6%，在2015—2020年间经济增长率为7%。2013年我国GDP为568 845亿

元，根据世界银行预测的增长率，到 2020 年中国 GDP 总量将为 940 962 亿元[①]。三是 2012 年国家财政性教育经费为 22 236.23 亿元，占 GDP 比例为 4.28%，比上年的 3.93% 增加了 0.35 个百分点，如期实现了《教育规划纲要》提出的 4% 目标，成为中国教育发展史上重要的里程碑。在《教育法》三个增长的法定要求下，国家财政性教育经费占 GDP 的比例仍将不断提高，假设到 2020 年这一比例提高至 5%。

2. 四种方案的经费需求

在上述假设的基础上，到 2020 年，中小学教师工资增长的最低标准经费需求将达到 6 698 亿元，占 GDP 的比例为 0.71%，占财政性教育经费的比例为 14.24%。若要达到法定标准，工资经费需求约 1.89 亿元，占 GDP 比例为 2.01%，占财政性教育经费投入的 40.24%。如果将中小学教师工资提高至市场标准，教育经费需求为 2.15 亿元，占 GDP 的比例为 2.29%，占财政性教育经费投入的 45.77%。如果想提高教师工资到学历相当行业的工资标准，将需要教育经费投入 2.34 亿元，占 GDP 的 2.48%，占财政性教育经费投入的 46.69%（见表 6-2）。

表 6-2　2020 年教师名义工资的标准

方案	经费需求量（亿元）	占 GDP 比例	占财政性教育经费的比例
最低标准	6 698	0.71%	14.24%
法定标准	18 933	2.01%	40.24%
市场标准	21 533	2.29%	45.77%
学历标准	23 377	2.48%	46.69%

3. 可行性分析

根据《中国经费统计年鉴（2012）》数据显示，目前中小学教师工资福利支出总计为 6 133.10 亿元，占财政性教育经费投入的 33.01%。若保持现有的教师工资支出比例不变，那么 2020 年将无法实现工资增长的法定标准、市场标准和学历标准的经费需求。但从未来的教育投资经费结构的变动趋势来

---

① The World Bank. Development Research Center of the State Council. the People's Republic of China. China 2030：Building a Modern, Harmonious, and Creative Society［R］. World Bank Report, 2013.

看，"在经费分配结构方面，短期内初等教育经费占全国教育经费的比例会因为政策支持而有所提升"①。因此，如果未来国家教育财政经费在各级教育的分配结构上提升初等和中等教育所占比例，并且在初等和中等教育内部提高事业经费占总支出的比重，那么到 2020 年中小学教师工资支出占财政性教育经费的比例达到 40% ~ 50% 也是有可能实现的。

第二节　教师工资等级标准表的再设计

一、结合教师专业发展阶段，设计义务教育教师工资分为五个等级

教师等级数量的设计是一个重要的决策，等级数量并没有绝对统一的标准。等级数量设计太多，会增加管理的复杂性和费用，且如果本质上没有太大差异的等级间得到不同的工资也会产生内部的不公平。但等级数量过少也使得能力强、责任重的教师被支付相同的工资，也会造成新的不公平，并且教师感觉晋升机会少，缺乏激励效果。

本研究认为，由于教师工资等级的设计是基于技术水平的设计体系，因此教师等级的设计必须考虑教师专业发展过程中的知识和专业技术水平的阶段划分。教师专业发展阶段是指"教师专业发展过程中以其教育教学行为或技能质的变化（如教学关注、教师角色、课堂教学行为和专业发展需求等）为发展特征的时段或阶段的序列"②。

关于教师专业发展阶段的划分，国外研究最早的是 20 世纪 60 年代美国富勒的研究，他认为，"教师专业发展要经历'执教前关注阶段'、'早期关注阶段'、'关注教学情景'和'关注学生发展'五个阶段"③。至 70 年代，美国的卡茨提出了教师专业发展的四阶段理论，分别是求生存、巩固、更新和成熟阶段。80 年代是教师专业发展的黄金年代，出现了多种成熟的划分理论，美国亚利桑那州立大学心理学教授伯林纳（Berliner）根据教师"教学专业知识与技能的学习和掌握情况"，提出了对教师专业发展细致的五阶段划分，分别是"新手阶段、进步的新手阶段、胜任阶段、熟练阶段和专家阶段"。本纳的划分

---

① 陈晓宇. 我国教育经费结构：回顾与展望 [J]. 教育与经济，2012（1）.
② 罗晓杰. 国内外教师专业发展阶段研究述评 [J]. 教育科学研究，2006（7）：10.
③ 罗晓杰. 国内外教师专业发展阶段研究述评 [J]. 教育科学研究，2006（7）：10.

与柏林纳划分阶段相同，但依据不同，他根据教学专业成长发展阶段理论，将教师发展分成了新手、高级新手、胜任者、精熟者和专家五个阶段。

我国学者对教师专业发展阶段研究的起步较晚，始于20世纪80与90年代。林崇德、申继亮基于心理学角度为教师专业发展构建了理论框架；钟祖荣的研究把教师专业发展分为"准备期、适应期、发展期和创造期"四个阶段，分别对应的是新任教师、合格教师、骨干教师和专家级教师。傅树京在总结国外教师发展的基础上，丰富并提出了教师专业发展的五个阶段：适应期、探索期、建立期、成熟期和和平期。

综合国内外已有研究，本研究采用的是教师专业发展的"五阶段"划分理论，借鉴柏林纳依据教师专业知识和技能学习的掌握情况，划分成了五个阶段：新手、进步的新手、胜任、熟练和专家阶段①。

第一，新手阶段（novice）：该阶段教师将获取最基本的知识和技能，掌握授课经验，要学习一些教学概念以及应对不同教学情景的策略，最重要的是要获取经验，即教师们获得现实的亲身体验。

第二，进步的新手阶段（advanced beginner）：教师在这一阶段能够将自己所学的理论与实践经验相结合，能够开始根据情景变化来采取相应的应对策略，教学的具体行为也变得更加的灵活。

第三，胜任型阶段（competent）：教师在该阶段能够根据自己的计划来实施相应的教学，并能够对自己负责的事情承担更多的责任，也能够按自己个人想法自由处理事件。

第四，能手阶段（proficient）：教师在这一阶段对教学的领会与直觉会变得更加重要，他们能够从积累的经验中，综合识别出教学情景的相似性，并考虑其中的相互联系，从而更准确地预测事件的发生。

第五，专家阶段（expert）：进入该阶段的教师是精通教学型，可以将这些专家教师的行为看成非理性的，因他们对教学情形有着直觉的把握，能够以非分析性的理智做出合适的判断，他们采用的教学方法更加多样，教学表现也更加灵活与流畅。

结合义务教育教师专业发展的五阶段，设计五级工资等级与之相对应，从而使教师专业培训、技能提高与工资设计相一致。

---

① 申继亮，王凯荣，李琼. 教师职业及其发展［J］. 义务教育教师培训，2003（3）.

二、根据市场工资水平，确定工资等级的中间值

工资等级的中间值，即每个工资等级的目标工资水平（也称中位值、中点），反映了各等级工资的平均水平。中间值的确定是在市场工资线的基础上进行的。

在设计了工资等级数量之后，还需要确定整个工资等级的中间值，该值代表了等级工资的平均水平，反映了教师队伍获得的平均工资水平，且中间值的确定要在市场工资线的基础上进行。若想使教师行业工资具有外部竞争力，本研究认为该中间值应设定为国民经济行业的中等偏上水平。

假设教师工资全部由岗位工资和薪级工资构成，即等级工资是教师的全部工资收入，那么，本文将模拟给出一个教师工资等级的改革设计。根据《中国统计年鉴2012》给出的2011年19个行业的工资数据，选取国民经济行业的75%分位数作为重点偏上水平的衡量标准，得到行业中等偏上水平的工资为50 054元/年，平均每月4 171元，将该标准作为中小学教师第三个工资等级（胜任型）的中间值。

三、采用等比级差法，设计级差递增的等级中间值

在确定了胜任型教师工资的中间值以后，还要给出其他各等级的中间值，进而确定等级间工资差异。等级间工资差异（简称等级级差）指等级中相邻两个等级中间值的差额，它反映不同等级的工作由于技能、经验、知识水平、责任的要求的不同，支付不同的报酬。工资级差是逐步递增的，递增的幅度应与员工能力的提高和经验的丰富相一致。确定工资等级之间中间值差额的形式有绝对级差、等比级差和不规则级差等。

第一，绝对级差是用实际增加量表示相邻两个工资等级中间值的变化，它的优点是简单明了，直接显示等级间工资水平的差额。不足是不能够体现工资增量占工资水平的比例。

第二，等比级差是指各等级工资按照某一百分比递增，增长率一致，但增长值不同。优点在于工资数额以相同的比例递增，绝对差值随工资水平逐级扩大，也就是越到高级增长值越高，但等级之间差距并不悬殊。此形式能够起到很好的激励作用，是长期以来应用最为广泛的一种形式。

第三，不规则级差的工资级差形式是指在一个工资结构内，工资等级之

间的级差是按照两种或两种以上规则制定的，这种形式的使用是将工资分成几段，每一段采用不同的规则决定级差，级差确定形式更为灵活。

为了解决已有工资等级中最高最低差距小、级差增幅无规律等问题，根据现代薪酬设计理论，要求其他等级中间值的设计要满足以下两个条件：第一，使最高和最低等级之间拉开适度的差距。第二，等级间级差应满足逐步递增的规律①。采用等比级差设计可以很好地满足上述要求，因等比级差可以使等级工资按照某一百分比递增，其增长率一致，但增长值不同。优点在于工资数额以相同的比例递增，绝对差值随工资水平逐级扩大，也就是越到高级增长值越高，但等级之间差距并不悬殊，能够起到很好的激励作用，是长期以来工资设计中应用最为广泛的一种形式。

根据第三个等级工资中间值4 171元，采用等比级差法初步选定20%的增长率，计算得到五个等级的工资中间值分别为：2 897元，3 476元，4 171元，5 005元，6 006元，相应的四个级差为579元，695元，834元，1 001元，满足级差递增规律，并且最高与最低工资等级之间相差3 109元，有一定的工资区分度。

四、低等级间应采用较小重叠度，高等级间采用高重叠度

管理学最新的薪酬设计理念主张，在不同等级工资之间采取不同的重叠度，即低等级采用较小重叠度，高等级采用高重叠度。低等级的较小重叠度使得新入职教师更容易通过工资等级的提升提高工资水平，对年轻教师能产生较强的晋升激励。而高等级之间级差较大，较高的重叠度能够保证没有进入更高级的教师仍然有较大的提升空间。

基于这一理念来设计不同等级之间的工资变动范围，根据公式②各等级工资最低值＝工资中间值/（1＋工资变动比率/2），工资最高值＝工资最低值×（1＋工资变动比率）来确定工资等级的变化区间，其中工资变动率指在同一工资等级内部最高值与最低值之差与最低值之间的比率。工资变动比率与工资幅度的设计要考虑以下几方面因素：①工资变动范围内市场的物价变动情况，即通货膨胀率有多高，工资增长幅度应高于通货膨胀率。②还要考虑一

---

① 申继亮，王凯荣，李琼. 教师职业及其发展 [J]. 中小学教师培训，2003 (3)：4-7.
② 林健. 大学薪酬管理－从实践到理论 [M]. 北京：清华大学出版社，2010.

名教师要经过多久完成从新手到进步新手，再到胜任型直至专家的转变，转变的周期也要与工资增速进行综合考虑。

为了使重叠度逐渐减小，工资变动比率应逐渐提高，根据测算选取各等级变动比率由低到高为：25％，29％，33％，37％，41％。计算得到各等级的工资幅度（范围）如下，一级：[2 575元，3 219元]，二级：[3 036元，3 916元]，三级：[3 580元，4 762元]，四级：[4 224元，5 786元]，五级：[4 984元，7 028元]。

五、根据教师职业生涯周期，确定等级的细分档次

对于某一个工资等级，还应尽可能细地划分到足以持续不断地激励教师。具体而言，首先要考虑教师进入某一等级后停留的最长时间。如教师进入第四级（能手级别）后，工作安于现状，结合自身能力和知识水平，很难达到更高的专家等级，那么之后的工资档次仍然能够给予该教师在未来工作中有足够的发展。其次，还要考虑细分后具有激励效果的最小工资增量。若细分档次过多，每一等次的工资增量太小也无法起到激励作用，增量过大超过教师自身水平的提升也是不合理的。

目前一名新入职的师范大学毕业生年龄通常在22岁左右，将在学校工作至50岁或55岁退休，因此她或他将从事教师职业28年或33年左右，也就是说职业生涯平均周期为30年。如果分到五个工作等级，每一个等级停留的时间为6年。我们认为在6年的工作时间内设计五个档次是比较合理的，这样既能保证教师工资晋升的短期性，也能保证了每一档次的工资增量不至于过小，没有激励效果。可以规定教师只要每两年工作表现合格就能正常增加一档工资，建立工资正常增长机制。而若要晋升到下一个工资等级，则需要至少在当前工资等级工作4年以上，并结合教师工作的综合考核结果来决定。据此建议建立五级五档的工资等级表，档次标准的确定仍然采用等比的形式，最终得到教师工资等级表（见表6-3）。

表6-3　中小学教师工资等级标准设计表　　　　单位：元/月

等级	一档	二档	三档	四档	五档
新手（一级）	2 575	2 723	2 897	3 063	3 219
进步的新手（二级）	3 036	3 235	3 476	3 704	3 916

续表

等级	一档	二档	三档	四档	五档
胜任型（三级）	3 580	3 845	4 171	4 479	4 762
能手（四级）	4 224	4 569	5 005	5 415	5 786
专家（五级）	4 984	5 431	6 006	6 545	7 028

在设计了工资档次以后，该工资标准表的使用还要结合各级教师等级任职最低年限以及考核的周期（见表6-4）。如义务教育教师一入职便进入一级阶段，在新手和进步新手的两个级别中只有工作3年以上者才可以申请更高级的考试和资格评定。对于三级、四级教师只有工作5年以上才可以申请更高级的资格评选。另外，对于不同级别考核周期也应区别设计。对于新手级别考核周期应该较短，为鼓励他们不断学习和提高，因此每年考核一次，合格就可以晋升一个工资档次。而进步的新手可以每两年考核一次，晋升一个工资档次。对于胜任型、能手和专家需要每三年考核一次，晋升工资档次。由此可以大体估算各等级教师的工龄。

表6-4　各等级任职年限与考核周期建议

等级	任职最低年限	考核周期	工龄区间
新手（一级）	3	1	1~5
进步的新手（二级）	3	2	3~11
胜任型（三级）	5	3	8~20
能手（四级）	5	3	13~25
专家（五级）	—	3	18~30

综上所述，针对现行中小学教师工资等级标准存在的问题，本研究尝试运用薪酬设计的理论方法再次设计了中小学教师工资等级标准表，该表具有以下特点：第一，基于教师专业成长的阶段划分五个工资等级与之相适应，体现教师职业发展的特点；第二，根据市场工资线设计了第三个等级的中间值，保证了工资水平的外部竞争力；第三，采用等比级差法设计等级间中位值，实现了级差随等级增加而增加；第四，遵循新的薪酬设计理念，设计了合理的等级间工资重叠区间。第五，结合教师职业生涯周期，建立了更加稳定的教师工资正常增长机制。

第三节　学校绩效工资方案设计的理论探讨与建议

一、教师实施绩效工资的理论探讨

1. 计件工资制度是否适用于教师行业

据笔者参与调研的河北、广西、贵州等县的绩效工资实施情况，多数学校都采用的是类似于案例 A 学校的计件工资制度来设计绩效工资方案。那么，从理论上讲，计件工资制度究竟是否适用于教师行业呢？

人事管理经济学家 Lazear 提出，如果基于产出的工资支付在某一行业内是可行的，那么这种支付形式将会产生两种效应：激励效应和筛选效应。以教师行业为例，激励效应主要体现在假如我们能够找到合适的评价教师产出的标准，那么根据教师的产出来支付工资，将能够鼓励教师提高其教学水平和工作热情，从而提高学生质量，进而对社会做出贡献。筛选与激励作用的主要区别在于，激励主要是针对在职教师，分析一个基于教师绩效的工资方案对教师工作努力程度的影响；而筛选作用则指基于绩效的方案将能够吸引更多高绩效的人加入教师行业。但产生激励效应和筛选效应的前提是能够找到合适的教师产出评价标准。

在教育领域内，依据产出来支付工资就需要首先弄清楚教师的产出是什么？也就是教育的目标是什么？由于学校间不存在很强的竞争性，学校必须自己设定他们认为正确的教育目标。尽管我国的教育是要培养德、智、体、美、劳全面发展的综合人才，但从政府的公共目标角度来看，基本目标是要将学生们培养成一个具备基本技能能够从事生产活动的劳动力。因此，基础教育阶段的首要任务是保证人们的基本识字率，消除文盲；进一步的任务则是培养具备谋生的知识和技能、能够为个人和国家创造财富的人才，也就是促进学生人力资本的形成。

但问题是，学生通过教育形成的人力资本只有在多年之后才能获得收入，所以，虽然依据学生未来收入来支付教师工资最科学合理，但这显然不现实。因此，如果采用计件工资制度，学校必将会寻找其他变量来作为未来收入的代理变量。以 A 学校为例，就采用教师所教班级的学生成绩作为产出的衡量，但这样就会产生激励与筛选效应的扭曲。这是因为如果采用学生成绩作为收入代理变量的前提是假定成绩好的学生将来收入也高，但现实中二者之间并不总是具有严格的因果关系。这就使得教师们更多地注重提高学生的应试技巧和考试成绩，而不是更多地引导学生发展自己的谋生技能如动手能力、人际交往能力等，由此对教师的激励产生了扭曲。另外，对筛选效应也同样产生了扭曲，最终在学校里教学的人们都是擅长提高成绩的教师，但这些教师并不一定是那些能够提高学生们职业技能和素质的教师。

英国、澳大利亚、美国等国就采用了基于学生成就的绩效工资，实践结果表明，虽然教师绩效工资制度的实施对这些国家办学质量产生了一些积极影响，包括提升学生学业成就、使学校获得了更多的外部支持等，但同时如理论所述，也带来了一些消极影响：如绩效工资对教师激励的有限性、应试教育之风重新盛行、学校变得行政化和官僚化等。研究表明，那些高风险问责的教育系统中，教师更倾向于过度关注单一的测验成绩、教师们更改测验成绩或是提前告诉学生们考试答案（Goodnough，1999）。Koretz，Barron，Mitchell，Stecher（1996）及 Jacob & Levitt（2003）的相关分析已经发现，一些学校会采取将学生分类培养的教学策略（Deere&Strayer，2001；Figlio&Getzler，2002；Cullen&Reback 2006；Jacob，2005），采用行政安排的方式来让成绩差的学生在考试当天缺勤（Figlio，2003），操纵留级政策（Haney，2000；Jacob2005），汇报虚假成绩（Peabody& Markley，2003），在考试前一天给学生们加营养餐（Figlio & Winicki，2005）等一系列能够提高考试成绩的方法。

这些研究结论表明，基于成绩的计件工资制度并不是提高教师绩效的完美工具。正如 Goldhaber，Hyung，DeArmond and Player（2005）所言，绩效工资不适合在教育领域内实行，因为教师的业绩难以监督。Murnane and Cohen 认为，教师业绩相比其他行业领域来讲更难以准确、稳定和有效地监督与评价。因此，计件工资制度并不适用于教师行业。

2. 教师的个体贡献该以何种绩效工资形式体现

既然计件工资制度的应用过程中必然会造成唯分数论，造成教师为考试而教学的弊端，那么究竟该如何体现教师的个体绩效呢？除计件工资外，个体绩效形式还包括计时工资、绩效加薪、一次性奖金、现场奖励和长期奖励这几种主要形式。

（1）计时工资制适用性的分析。计时工资制是建立在一定的工作标准基础上，以员工节省的工作时间数量或者单位时间内提高的工作效率作为考察对象来计工资。很明显这种制度不适用于教师职业，因为教师工作的产出不像其他社会其他物质生产部门，很快就能看到产品和成果。教师对人才的培养周期是很长的，一般要在学生离开学校后在其工作岗位上才可以体现，正如俗话所说"十年树木，百年树人。"并且，教师对学生思想道德修养及文化知识的培养，将内化到受教育者身上，会对受教育者产生长期的甚至是一生的影响，这种特点决定了计时工资不可能用于教师群体。

（2）绩效加薪和一次性奖金的适用性分析。绩效加薪和一次性奖金都是将劳动者短期内的绩效评价和工资联系在一起，对劳动者的绩效进行评级，并根据等级结果支付相应的工资。但区别在于绩效加薪制度下，教师的基本工资将随之一块增长到新的水平，并具有累加性。而一次性奖金则不同，每年教师根据绩效拿到的奖金都会不同，需要重新赚取。这两种绩效工资形式运用的前提是有一个科学合理的能够区分教师绩效的综合评价体系，否则又将变成将成绩视为绩效的评价导向。

如何科学全面地评价教师的绩效？由于绩效的内涵包括行为、过程和结果三个方面，而教师劳动的复杂性、多样性和创造性决定了无法构建出这样一套细致的绩效评价体系。教师劳动的复杂性主要体现在以下几个方面：首先，教师劳动对劳动主体的素质有较高的要求。教师必须是学识渊博、品格高尚的人，各国都对教师资格做了严格的规定。人们常说，给学生一杯水，教师必须要有一桶水。教师工作以后必须不断充电和学习，钻研教材，掌握教学规律和教学艺术等，这决定了教师劳动的艰巨性。其次，教师劳动的对象是复杂的。教师的劳动对象是学生，其成长过程受家庭、学校、社会等环境的综合影响，使得他们在个人修养、行为习惯、学习能力等方面具有较大的差异，需要教师细心观察，因材施教。再次，教师的劳动内容具有多样性和创造性。教师对学生的培养是多方面和多角度的，既要教书育人、传授知识，又要发展学生的智力；既要关心学生的学习，又要关心他们的身心健康；既要保证学生具有集体共性，又要保证学生的个性得以充分发展 。这使得教师劳动必须充分发挥教师的主观能动性，在教育教学中创新教育教学方法。因此，绩效加薪和一次性奖金都无法用于教师职业。

（3）长期奖励的适用性分析。企业中的长期奖励多用于高级管理人员，以股票期权等形式将优秀管理人员留在企业。学校作为非盈利的公共组织，追求的是公益目标而非公司企业追求的利润最大化。如果对教师实施长期奖励，那么选择哪部分群体进行长期奖励，长期奖励的形式又是什么，这些都很难实现，所以长期奖励的形式至少目前并不适用于教师群体。

（4）现场一次性奖励的适用性分析。现场一次性奖励也是体现个体绩效的一种形式，是对那些绩效超过期望表现突出的员工立即兑现的一种奖励。现场一次性奖励可以很好地体现教师的个人贡献，运用在教师行业会有以下优点。

首先，这种奖励授予的是那些在特殊项目上表现突出的教师，只有对学校发展做出突出贡献的部分教师才能获得，体现了优绩优酬的理念。其次，这种奖励是现场支付的，并且制度是公开透明的，不需要上级管理人员对其进行评价，避免了矛盾。最后，这种奖励并不需要像一次性奖金、绩效加薪等形式需要对教师进行全面综合的评价和比较，学校管理人员只需根据学校所处的发展阶段确立最重要的几种贡献项目即可。例如，某学校近期重视对教师参与式教学的培训，那么就可以设置一个奖励项目对在市或县里参与式教学比赛中获奖的教师给予一定金额的奖励。

综上分析，计时工资、绩效加薪、一次性奖金和长期绩效计划都不适用于教师行业，本文认为一次性现场奖励能够很好地体现教师的个体贡献，又不会产生扭曲激励。

3. 绩效工资与职务工资之间的关系

职务工资是根据工作的岗位责任和任务来获得相应的工资，是基于岗位价值而支付的工资构成；而绩效工资是在现有岗位上不同员工因工作绩效不同而获得不同的工资，是个体员工贡献的体现。一般来讲，教师是在职务工资明确的基础上，其个体根据绩效不同获得相应的绩效工资。

但从 A 学校的案例来看，学校的奖励性绩效工资分配中首要因素是职务，无论是职务分所占的比例还是差异都是相对较高的。这意味着现有的分配方案中的奖金大部分是用来区分岗位工资，而用于奖励教师绩效的部分较少。笔者在广西另一个学校调研时也发现该校的岗位津贴设计如下（以学校规模在 500 人以下为例）："校长岗位津贴是人均奖励性绩效工资的 1.5 倍，副校长、党支部书记为 1.4 倍，主任、工会主席为 1.3 倍，副主任、团总支书记为 1.25 倍"。这表明各学校的奖励性绩效工资变成了内部不同岗位工资的分配，而由于不同地区和学校对于职务分类的划分不同，制定的标准也不同，则造成了学校间奖励性绩效工资分配出现了不公平，也产生了学校内部管理人员与任课教师之间的矛盾，使教师误以为绩效工资实际上是"官效工资"。

产生这种现象背后的原因在于，目前我国义务教育教师工资体系的顶层设计中并没有对校长、副校长等行政管理人员、班主任等岗位的工资区别设计，而是都采用教师的专业技术岗位设置。然而这些岗位的工作内容和责任存在明显的不同，如学校行政管理人员在教课的同时，还要担任学校的管理工作并承担相应的责任，一些通信费用等额外开销在所难免，所以学校在进行奖励性绩效工资分配时首先考虑按岗位不同设置工资也是合理的。从过去的工资制度来看，新中国成立后的工资分制度和单一等级工资制度都有对学校各类人员工资的区别设计，国家层面应对这一类人员的区别工资进行补充设计，而不是交由学校自行设计。

4. 基于团体和组织形式的绩效工资能否适用于教师群体

团队生产理论认为，当一项工作需要团队协作才能完成，在个体层面引入绩效工资将会减少群体间的合作，结果最后降低组织的整体绩效。一些学者认为，教师间以及教师与校长间团队合作的动力将会被摧毁，特别是当行政管理者有分配绩效工资权利的时候（Adnett，2003）。而团队绩效工资则不会产生此种道德风险问题，但这种团队合作仅仅在较小规模的团体中才能实现。经济学的理论表明，如果团队规模较大，基于团队产出来激励员工将会产生搭便车行为，因为团队规模的扩大使得团队内部对个体产出的监测变得困难（Kandel & Lazear，1992；Vyrastekova，Onderstal，& Koning，2006）。

那么教师劳动需要团队协作吗？教师的劳动具有较强的独立性和自主性。教师钻研教材和课程标准，编写教案、讲课与辅导、组织实验或实习、批改作业等，都是个体为主的独立劳动。教师可以自主决定每堂课教学内容的深浅、教学形式和教学方法的选择等。尽管学生的培养需各学科教师的相互配合、共同努力，但各科教师并不是在同一时间、同一地点对同一劳动对象共同劳动。虽然教师也有集体备课和讨论，但这些必须以教师个体的前期准备、刻苦钻研为基础。因此，就教师的劳动形式来讲，是以个体为主的劳动，具有独立性和自主性的教师劳动的这一特点决定从事教师职业的劳动者必须具有高度的劳动自觉性和事业心，否则就不可能很好地完成各个环节的教育教学工作。鉴于教师劳动独立性的特点，基于团队的合作不一定会对教师个体产生较好的激励作用。

从学校的实践来看，河北省某中学在奖励性绩效工资中采用了基于团体的绩效工资形式，设计了年级组奖励，规定："每年级每名教师设100元奖金，完成预定目标给予年级组全体教师奖励（乡镇教学成绩前两名）；未完成目标年级组奖金80%分配给完成目标的年级组。"可见，若以年级组作为学校团体的形式，年级组的绩效考核更为困难，学校又将采用成绩作为测量手段，因此，基于团队的绩效工资也很难运用于义务教育学校。

二、学校实施绩效工资的建议

基于第五章A学校绩效工资分配存在的问题不仅反映出学校分配方案的缺陷，还更深层次地反映出了国家顶层制度设计的不足，即教师岗位绩效工资构成的某些部分没有发挥其应有的功能，或是相互之间功能替代。针对案例学校存在的问题及产生的原因，本文从国家和学校两个层面分别给出以下建议。

第一，国家应专门设计义务教育学校管理人员的岗位工资序列，与教师岗位工资相区别。

义务教育学校管理人员的工资由国家层面设计并与教师工资序列相区别，这种设计思路在历次义务教育学校教师工资改革中都有所体现。在过去的工资分制度、单一职务等级工资制、结构工资制和职务等级工资制度下都有对学校校长、主任等行政人员的工资序列的设计。以单一职务等级工资制为例，国家专门设计了小学教师工资和小学行政人员工资两张表，其中小学校长的工资序列共分8个等级11类标准，学校主任等其他行政人员共分13个等级11类标准①。此外，上海试点试行的校长职级制也是对学校管理人员工资区别设计的一种尝试。

建议国家在对教师岗位工资的设计中补充对学校管理人员工资等级序列的标准设计，并且与教师的工资等级序列相区别。目前中小学学校管理人员主要分两大类，一类是学校行政管理人员，主要指学校领导班子成员，包括分管教学、德育、总务等工作的副校长、党支部书记、教导主任、总务主任和校长办公室主任。另一类是教研组长、年级组长和班主任等教学工作管理

---

① 陈少平，张绘屏. 国家机关和事业单位工资制度变革［M］. 北京：中国人事出版社，1990.

者①。国家应组建工资设计的专家组，在对义务教育学校各类管理岗位的工作分析、职位评价及责任明晰的基础上，分类制定管理人员的岗位工资标准，使部分学校管理岗位工资的标准略高于教师。这样既可以规范和统一各地区的标准，也将减少学校教师与行政管理人员之间的矛盾，实现学校内部的分配公平。

第二，国家明确各级政府责任，建立省级统筹的绩效工资增量的财政保障机制。

A 学校的案例表明，绩效工资总量的核定若没有额外的财政给予的增加量，则不但会造成教师奖励性绩效工资的总量很小而难以调动积极性，更为严重的后果是教师们会感觉自己的工资没有变化，只是原有工资的再次分配，从而产生心里失衡，无法实现调动教师积极性和创造性的政策目标。"从激励的角度看，实施绩效工资时应该有一个前提，即不降低教师的现有收入水平，然后再考虑教师收入的绝对值与市场值的匹配度。②因此，绩效工资总量是否有财政的增量是绩效工资改革能否实现激励效果的关键。

那么绩效工资总量的增量究竟该由那一级财政承担？尽管《通知》中规定"按照管理以县为主、经费省级统筹、中央适当支持的原则"，但绝大多数省市区县在制定和落实实施方案时均将县级财政作为保障主体，将"管理以县为主"直接转化为"经费保障以县为主"③。我国县际财力差异较大，特别是像案例学校所在的广西壮族自治区等西部欠发达地区的县在保证教育财政投入的"三个增长"时已捉襟见肘，更何况保障绩效工资实施所需的增量。因此，要想从根本上解决这一增量保障机制的问题，必须由省级政府统筹绩效工资总量增量的财政来源，国家应明确各级政府之间的分担比例。建议国家可根据地区经济发展水平和财政收入的不同，对于发达地区绩效工资总量由省级和县级政府以 6∶4 负担，中等发达地区由中央和省级以 5∶5 共同负担，贫困地区实行中央为主、省级为辅，二者以 8∶2 共同分担，切实将责任中心上移至省级和中央政府，减轻县际财政负担。从世界范围来看，这种由省级及以上政府负担义务教育教师工资经费的机制也是各国的通行做法。

---

① 杨颖秀. 学校管理 [M]. 北京：北京师范大学出版社，2012.

② 吕星宇. 义务教育教师绩效工资改革逻辑分析 [J]. 中国教育学刊，2012 (6)：21 - 24.

③ 庞丽娟，韩小雨，谢云丽，李琳，夏婧. 完善机制落实义务教育教师绩效工资政策 [J]. 教育研究，2010 (4)：40 - 44.

第三，建议学校对教师采用"现场一次性奖励"的绩效工资形式，替代基于成绩的计件工资计划。

现场一次性奖励也是体现个体绩效的一种形式，是针对那些绩效超过期望、表现突出的员工给予的一种奖励。现场一次性奖励可以很好地体现教师的个人贡献，运用在教师行业会有以下优点。首先，这种奖励授予的是那些在特殊项目上表现突出的教师，只有对学校发展做出突出贡献的那部分教师才能获得，体现了优绩优酬的理念。其次，这种奖励是现场支付的，意味着只要达到相应条件的教师就可以兑现相应的奖励工资。这是一种公开透明的奖励制度，对所有教师都是公平的，不需要上级管理人员对其进行评价，避免了矛盾。最后，这种奖励并不需要像一次性奖金、绩效加薪等形式那样要对教师全面综合的评价和比较，学校管理人员只需根据学校所处的发展阶段确立最重要的几种贡献项目即可。

本文认为一次性现场奖励能够很好地体现教师的个体贡献，又不会产生扭曲激励，能够真正起到鼓励优绩优酬的目标，还能有效避免计件工资所带来的重量轻质的弊端。

第四，学校绩效工资分配应完全体现个体绩效，不应再设置基础性绩效、职务工资等项目。

绩效工资的功能是要体现教师工作量和实际贡献等因素，鼓励同一岗位上的教师多劳多得，优绩优酬，彼此拉开差距，从而达到激励的目的和效果。案例A学校的奖励性绩效工资分配的依据不合理造成了真正体现绩效部分的工资水平和比例都较低，无法实现绩效工资的激励作用。在绩效工资总量和增量确定的情况下，若想提高绩效工资水平，更好地发挥绩效工资的激励作用，需要学校在设计现场一次性奖励计划项目时完全采用体现个体绩效的奖励项目，不应再分成基础性绩效工资或是职务工资等与教师绩效无关的项目。

关于现场一次性奖励计划项目的具体选取，学校管理人员可以根据学校所处的发展阶段，从绩效的过程、行为和结果三个方面分别选取1~2个对学校发展最为重要的指标。如某学校近期重视对教师参与式教学的培训，那么就可以设置一个奖励项目对在市或县里参与式教学比赛中获奖教师给予一定金额的奖励。但要注意奖励设置不能只是单一地与学生成绩相挂钩，可考虑设立全勤奖、优质课（说课、评课、课件）比赛奖、征文比赛、优秀班主任奖等。

第七章

研究结论与展望

本研究围绕"如何设计义务教育教师工资水平、等级结构和绩效工资计划，才能吸引、留住、激励教师，以提高基础教育质量"的核心问题展开研究。本研究首次将现代工资体系的理论框架运用到了义务教育教师工资体系的分析与建构上，并基于经济学和管理学中的效率工资理论、人力资本理论、劳动价值论、竞赛理论、公平理论、期望理论、多任务委托代理理论等多种理论，对义务教育教师工资水平的决定依据、工资等级结构的制定基础及绩效工资是否适用于教师行业等问题进行了理论探讨，丰富了教师工资体系的理论研究。

在义务教育教师工资体系的分析框架基础上，对新中国成立以来义务教育教师实施的五种工资制度进行了系统的分析和梳理，给出了每个阶段工资制度下义务教育教师工资体系的主要特征和存在的问题。本研究进一步系统地实证分析了1990—2010年的义务教育教师工资水平，选取了多个参照系从而多视角地分析了义务教育教师在过去20年间相对工资水平的变化，弥补了前人研究只关注教师行业整体工资水平没有细分义务教育工资水平，并且只选取个别参照系的研究之不足。基于2009年北京大学的CFPS入户调查数据，本研究对义务教育教师工资等级结构存在的问题进行了深入分析，采用比较义务教育教师与其他行业人员的工龄—工资收入作为等级工资结构差异的替代，分析了教师与其他行业工资等级变动之间的差异。根据一所典型学校的绩效工资的案例剖析，探讨了现阶段绩效工资实施中的一些理论和现实问题。

最后，在实证研究分析义务教育教师工资体系存在的主要问题的基础上，研究尝试对义务教育教师工资体系改革进行了再设计，具体包括：为未来教师工资水平提供了标准；重新设计了义务教育教师的工资等级结构标准表；对绩效工资改革提出了相应的建议。

一、义务教育教师工资体系改革的研究结论

（一）教师工资制度在改革中逐渐完善，但仍存在标准确立缺少参考依据、等级结构设计不合理等一系列问题

历次义务教育教师工资体系改革的发展趋势是：①教师工资水平的确定由过去依据国民经济其他行业部门标准转为分离的教师专业技术工资体系设计，并给予教师10%的工资提高；②地区间工资水平调整由最初简单

的三类划分到目前四类艰苦地区津贴和农村教师津补贴；③教师工资等级数量有所增加，相邻等级工资的级差绝对值增大；④教师个人贡献的体现由工资评级、特级教师评选到现有的工资结构中专门设立绩效工资体现贡献差异。

但基于现代工资体系的理论框架及相关理论分析后发现，我国现行的义务教育教师工资体系仍然存在以下问题：①义务教育教师工资水平的确立缺少科学合理的市场参照系为依据；②教师工资等级的最高与最低工资标准之差逐渐变大，但最高与最低工资标准之间的比值却逐渐变小；③现行的工资制度没有对学校行政人员和科任教师的工资进行区别设计；④工资水平中对于农村地区的倾斜程度并没有明确的规定；⑤在工资结构中没有对音、体、美等农村短缺学科教师的工资进行差异化设计；⑥初入职教师的相对工资水平较低。

（二）在过去 20 年间中国义务教育教师行业工资水平不具有外部竞争力

基于《中国劳动统计年鉴》（1991—2011）年间各行业平均工资的数据分析研究发现：①义务教育教师名义工资在 20 年间的增长超过了 16 倍，但经物价调整后的实际工资仅增长了约 6 倍，工资增长的实际购买力很大一部分被物价的上涨所抵消；②义务教育教师行业的工资始终未能达到国民经济行业中等偏上的位置，且与其的差距不断扩大，直至 2007 年以后才开始缩小；③义务教育教师工资在 2010 年以前一直低于公务员工资。与公务员实际工资的差距自 1990 年开始逐年扩大，直至 2009 年以后才开始缩小；④过去 20 年间，小学教师工资有 12 年低于制造业工人的平均工资，中学教师有 3 年低于工人工资，教师与工人工资之比没有超过 1.5；⑤义务教育教师工资远低于学历相当行业，且差距呈急剧扩大趋势。

（三）与其他行业相比，义务教育教师的工资—工龄曲线相对平坦，职业生涯的激励性较弱

现行的教师岗位和薪级工资的等级结构设计存在许多不合理之处。具体包括：①教师岗位和薪级工资的等级数量设计不合理；②义务教育教师的工资等级结构过于平坦化，最高与最低等级工资差距小。根据竞赛理论的分析，级差越小个人努力程度越低；③随等级增加级差没能够逐步递增反而减少，理论分析认为这种级差涨幅设计将难以调动高等级工资教师的晋升积极性；④档差的设计也并不符合等差形式或等比形式，难以体现等级结构的内部一

致性。

　　根据 CFPS2009 的调查数据，研究建立多元回归分析模型对教师工资等级结构与其他行业的比较后发现，义务教育教师在职业生涯中的工龄－工资曲线趋于平坦，斜率远低于其他行业工资增长曲线，这意味着晋升对教师的激励效果小于其他行业。

　　举例来说，假如一个在北京工作受过本科教育的男性劳动者，期望每天 8 小时的工作，那么如果他选择从事义务教育教师职业，那么①他初入职的起点工资将比他若进入其他专业技术行业的年工资低 9 583 元，比进入学历相当行业的工作低 5 580 元，比成为制造业工人高 1 655 元；②他在工作 15 年时的工资收入比成为其他专业技术人员年工资低 37 243 元，比学历相当行业的工资低 25 313 元，甚至比成为制造业工人的年工资还要低 222 元；③他在教师职业生涯 35 年内获得的终身收入将比成为其他专业技术人员低 91.57 万元，也比成为学历相当的其他行业人员低 51.46 万元，只比制造业工人的终身收入高 31.37 万元。

　　（四）学校实行基于教师教学成绩的绩效激励不符合教师工作特点，且绩效工资的分配并没有体现贡献差异

　　绩效工资案例分析的主要结论是：①A 学校的奖励性绩效工资是一种短期的基于个人绩效的工资类型，具体采用的形式是计件工资制的变形，即将教师教学成绩视为产量，根据教师所教班级平均成绩与县平均分的差值确定相应的个人绩效工资等级及分数。②A 学校对教师考核采用分值的形式，然后再根据上级拨款和学校总分数来确定每分的货币价值。例如 2010 年秋每分值 3.71 元，平均每位教师的奖励性绩效工资平均为 2 171.41 元/每学期，教师奖金主要分布在 2000～3000 元之间。③教师绩效考核由基础分、职务分、成绩分、各项加分和考勤扣分五项构成，其中基础分占总分的 49.4%，成绩分占 24.1%，职务分占 10.9%，其他各项得分和考勤分所占比例不到 1%。④A 学校教师绩效工资分配的主要依据是教师职务，F 检验结果表明七类教师的奖励性绩效工资存在显著性差异，最高类比最低类教师奖励性绩效工资高 992 元。⑤真正体现绩效的工资水平和比例较低，无法调动教师积极性。以班主任李老师为例，每月体现绩效的奖金只有 117 元，占每月奖励性绩效工资的比例是 29.6%，占月工资总额的比例为 5.6%。科任教师孙老师体现绩效的奖金每月 123 元，占其月工资的比例只有 6.1%。

二、未来改革的政策建议

（一）义务教育教师工资水平的设计建议及可行性分析

对未来义务教育教师工资的提高，本研究提出了四种方案，并已在合理的假设下论证了四种方案的可行性，具体方案如下。

第一，最低标准：以每年 2% ~ 5% 的增长消除通货膨胀的影响。若按 5% 的物价增长幅度，估计 2020 年义务教育教师平均名义工资水平应至少达到 58 246 元，才能抵消通货膨胀的影响，需要的经费总量为 6 698 亿元，占 GDP 的比例为 0.71%。

第二，法定标准：建议未来我国教师名义工资的年增长率至少要在 16% ~ 17% 之间，才能够保持不低于公务员的工资水平的法定要求。到 2020 年，义务教育教师平均年工资应达到 164 637 元，需要的经费总量为 18 933 亿元。

第三，市场标准：每年教师名义工资增长率在 17% ~ 18% 之间，那么到 2020 年中等偏上行业的工资水平将达到 187 246 元。中小学教师工资若以此为目标，教师平均工资每年需要提高 17.6%。若想达到市场标准，未来的经费需求量为 21 533 亿元，占 GDP 比例为 2.01%。

第四，学历标准：建议未来我国教师名义工资的年增长率至少要在 18% ~ 19% 之间，才能够与学历相对行业的工资水平相一致。该方案的教育经费需求量为 23 377 亿元，占 GDP 比例为 2.48%。

（二）义务教育教师工资结构的设计建议

第一，建议义务教育教师工资等级分五级，对应伯林纳（Berliner）关于教师"教学专业知识与技能的学习和掌握情况"的五阶段划分，分别是"新手阶段、进步的新手阶段、胜任阶段、熟练阶段和专家阶段"。

第二，根据《中国统计年鉴 2012》给出的 2011 年 19 个行业的工资数据，选取国民经济行业的 75% 分位数作为重点偏上水平的衡量标准，得到行业中等偏上水平的工资为 50 054 元/年，平均每月 4 171 元，并将该标准作为中小学教师第三个工资等级（胜任型）的中间值。

第三，采用等比级差确定五个等级的中间值，在此基础上建议对每级工资细分成五档，五档工资的标准设计也采用等比级差的方法，设计出了五级五档的工资等级结构表（表 7-1）。

第四，建立正常的工资考核晋级机制。对于新手等级的教师每年考核一次，合格就可以晋升一个工资档次；对于进步的新手可以每两年考核一次，晋升一个工资档次；对于胜任型、能手和专家需要每三年考核一次，晋升工资档次。

表 7 − 1　义务教育教师工资等级标准表

等级	一档	二档	三档	四档	五档
新手（一级）	2 575	2 723	2 897	3 063	3 219
进步的新手（二级）	3 036	3 235	3 476	3 704	3 916
胜任型（三级）	3 580	3 845	4 171	4 479	4 762
能手（四级）	4 224	4 569	5 005	5 415	5 786
专家（五级）	4 984	5 431	6 006	6 545	7 028

（三）义务教育教师绩效工资的设计建议

第一，单独设立统一的学校行政人员和其他管理人员的岗位津贴。在教师工资结构中的津补贴中设立管理人员岗位津贴，该类津贴实际上是对岗位工资的补充。学校管理人员分两大类，一类是学校行政管理人员主要指学校领导班子成员，包括分管教学、德育、总务等工作的副校长、党支部书记、教导主任、总务主任和校长办公室主任。另一类是教研组长、年级组长和班主任等教学工作管理者。因此，建议至少设立以下几种岗位津贴：①校长津贴；②副校长、党支书津贴；③主任津贴；④副主任津贴；⑤教研组长/年级组长津贴；⑥班主任津贴。国家统一津贴设置可以规范地区标准，也将减少学校教师与行政管理人员的矛盾。

第二，国家明确各级政府责任，建立省级统筹的绩效工资增量的财政保障机制。我国县际财力差异较大，特别是像案例学校所在的广西壮族自治区等西部欠发达地区的县，这些县在保证教育财政投入的"三个增长"上就已捉襟见肘，更何况保障绩效工资实施所需的增量。因此，要想从根本上解决这一增量保障机制的问题，必须由省级政府统筹绩效工资总量增量的财政来源，由国家明确各级政府之间的分担比例。建议国家可根据地区经济发展水平和财政收入的不同，对于发达地区绩效工资总量由省级和县级政府以 6∶4 负担，中等发达地区由中央和省级以 5∶5 共同负担，贫困地区实行中央为主省级为辅，二者以 8∶2 共同分担，切实将责任中心上移至省级和中央政府，减轻县际财政负担。从世界范围来看，这种由省级及以上政府负担义务教育教师工资经费的机制也是各国的通行做法。

第三，学校在绩效工资分配中应完全体现个体绩效，不应再设置基础性绩效、职务工资等项目。绩效工资的功能是要体现教师工作量和实际贡献等因素，鼓励同一岗位上的教师多劳多得，优绩优酬，拉开彼此间的差距，从而达到激励的目的和效果。案例 A 学校的奖励性绩效工资分配的依据不合理造成了真正体现绩效部分的工资水平和比例都较低，无法实现绩效工资的激励作用。在绩效工资总量和增量确定的情况下，若想提高绩效工资水平，更好地发挥绩效工资的激励作用，需要学校在设计现场一次性奖励计划项目时完全采用体现个体绩效的奖励项目，不应再分成基础性绩效工资或职务工资等与教师绩效无关的项目。

第四，建议采用现场一次性奖励的绩效工资形式，替代现有的基于成绩的计件工资形式。关于现场一次性奖励计划项目的具体选取，学校管理人员可以根据学校所处的发展阶段，从绩效的过程、行为和结果三个方面分别选取 1 到 2 个对学校发展最为重要的指标。如某学校近期重视对教师参与式教学的培训，那么就可以设置一个奖励项目对在市或县里参与式教学比赛中获奖教师给予一定金额的奖励。但要注意奖励设置不能只是单一的与学生成绩相挂钩，可考虑设立全勤奖、优质课（说课、评课、课件）比赛获奖、征文比赛、优秀班主任奖等。

第五，对校长实施基于学校的绩效工资计划，甚至可以考虑长期激励。因为目前学校内部的领导体制是校长负责制。校长职位的内涵是校长由上级教育部门任命，是学校行政系统的最高领导人，是学校的法定代表人，对外向上级党委和教育行政部门负责，对内全面领导和负责学校的各项行政工作，对教职工、学生和学生家长负责。从上述校长工作的内容和职责来看，校长是学校管理和领导的核心人物，要充分调动校长工作的积极性。而学校绩效的考评可以结合县的教育发展阶段性目标，如通过对学校课外活动、教育成绩、学生健康等多方面的考察，对学校分类评价，最终决定校长的绩效工资，引导和激励校长将学校朝所期望的全面发展的目标努力。

三、进一步研究的建议

第一，对于教师工资水平的实证研究中还需进一步关注对农村教师工资水平的分析。由于《中国劳动统计年鉴》中只给出城镇义务教育教职工的平均工资水平，因此无法对农村义务教育教师的工资水平进行分析。虽然在《教育经费统计年鉴》中可以区分，但因考虑统计口径与其他行业并不一致，则本研究没有采用。因此，对教师工资水平的分析中若进一步考虑农村地区教师，则义务教育教师的工资水平与社会其他行业相比将会差距更大。

第二，在对教师工资等级的实证研究中，在教师与其他行业工资等级结构的比较中所采用的数据库和研究方法有待改进。北大社会科学调查中心CFPS2009 年的数据库调研省份只有北京、上海、广东，数据样本只代表了中国发达地区。另外，该数据库中义务教育教师的样本量相对较少。但由于数据的限制，本研究也没有采用更为严谨的方法和技术手段，期望未来的研究能够在数据库和方法上有所突破，以得到更可靠的估计结果。

第三，增加更多的学校绩效工资分配的案例研究。本研究只选择了一所典型的寄宿制小学，但毕竟是个案研究，研究的结论也只是基于个案学校所得。由于我国地域辽阔，各学校的绩效工资实施也千差万别，本研究只是基于调研走访的学校中选择的典型案例，并不能保证代表全部。期望未来的研究能够通过寻找更多的现实学校的典型案例来补充对义务教育学校绩效工资分配的分析。

参考文献

一、外文文献

［1］Alejandra Mizala, Pilar Romaguera. Teachers' Salary Structure and Incentives in Chile ［N］. *Word Bank working paper*, 2005.

［2］Allred, W. E. , Smith, R. B. Proile of Utah Teachers Leaving the Teaching Profession ［J］. *Rural Educator*. 1984, 5 (3): 2 – 5.

［3］Ballou D. , M. Podgursky. Returns to Seniority among Public School Teachers ［J］. *Journal of Human Resources*, 2002 (37): 892 – 912.

［4］Chapman, D. W. , Hutcheson, S. M. Attition from Teaching Careers: A Discriminant Analysis. ［J］. *American Educational Research Journal*. 1982, 19 (1): 93 – 105.

［5］Corcoran, S. Evans, W. Schwab, R. Women, the Labor Market, and the Declining Relative Quality of Teachers ［J］. *Policy Anal. Manag.* 2004 (23): 449 – 470.

［6］Dale Ballou, Michael Podgursky. Returns to Seniority among Public School Teachers. ［J］. The Journal of Human Resources, 2002 (37) 4: 892 – 912.

［7］Delannoy, F. , G. Sedlacek. *Brazil: Teachers Development and Incentives: A Strategic Framework*. Washington, D. C. : World Bank, 2001.

［8］Hanushek, E. A. , Pace, R. R. Who Chooses To Teach (and Why)? ［J］. Economic of Education Review, 1995, 14 (2): 101 – 117.

［9］Evans, R. H. Factors Which Deter Potential Science/Math Teachers from Teaching: Changes Necessary To Ameliorate Their Concerns. ［J］. *Journal of Research in Science Teaching*, 1987, 24 (1): 77 – 85.

［10］Galchus, K. E. An Analysis of the Factors Affecting the Supply and Demand for Teacher Quality. ［J］. *Journal of Economics and Finance*, 1994, 18 (2): 165 – 178.

[11] George Stigler. Employment and Compensation in Education [J]. *National Burea of Economi Research*, New York.

[12] Grissmer, D. W. , Kirby, S. N. Patterns of Attrition Among Indiana Teachers: 1965 – 1987 (R – 4076 – LE) . Santa Monica, 1992, CA: RAND.

[13] Hanushek, E. A. , Kain, J. F. , Rivkin, S. G. Why Public Schools Lose Teachers [J]. *Journal of Human Resources*, 2004, 39 (2): 326 – 354.

[14] Hounshell, P. B. , Griffin, S. S. Science Teachers Who Left: A Survey Report [J]. *Science Education*, 1989, 73 (4): 433 – 443.

[15] Hounshell, P. B. , Griffin, S. Science Teachers Who Left: A Survey Report [J]. *Science Education*, 1989, 73 (4): 433 – 443.

[16] Hoxby, C, Leigh, A,. Pull away or Push Out? Explaining the Decline in Teacher Aptitude in the United States [J] . *Am. Econ. Rev.* 2004 (94): 236 – 240.

[17] Ingersoll, R. M. , Alsalam, N. Teacher Professionalization and Teacher Commitment: A Multilevel Analysis (NCES 97 – 069) [M] . Washington, DC: National Center for Education Statistics.

[18] Johnson, S. M. , Birkeland, S. E. (2003) . Pursuing a "Sense of Success": New Teacher Explain Their Career Decisions [J]. Amercian Education Research Journal 2003, 40 (3): 581 – 617.

[19] Lankford, H. , Loeb, S. , Wyckoff, J. Teacher Sorting and the Plight of Urban Schools: A Descriptive Analysis [J]. *Educational Evaluation and Policy Analysis*, 2002, 24 (1): 37 – 62.

[20] Lankford, H. , S. Loeb, J. Wyckoff. 2002. Teacher Sorting and the Plight of Urban Schools: A Descriptive Analysis [J]. *Education Evaluation and Policy Analysis*, 24 (1): 37 – 62.

[21] Loeb, S. , M. Reininger. 2004. Public Policy and Teacher Labor Markets. East Lansing, Mich. : Education Policy Center at Michigan State University.

[22] Loeb, S. , Page, M. E. (2000) . Examining the Link Between Teacher Wages and Student Outcomes: The Importance of Alternative Labor Market Opportunities and Non-Pecuniary Variation [J]. *The Review of Economics and*

Statistics, 82 (3): 393 –408.

[23] López-Acevedo, G. 2002. Teachers' Incentives and Professional Development in Schools in Mexico [N]. Policy Research Working Paper, 2777. World Bank, Washington, D. C.

[24] López-Acevedo, G. Teachers' Salaries and Professional Profile in México [N]. *Policy Research Working Paper*, 3394. World Bank, Washington, D. C.

[25] Manski, C. F. (1987). Academic Ability, Earnings, and the Decision To Become a Teacher : Evidence from the National Longitudinal Study of the High School Class of 1972. D. A. Wise (Ed.), Public Sector Payrolls [M]. Chicago, IL: University of Chicago.

[26] Morduchowicz, A. *Carreras, Incentives Yestructura Salariales, Docents.* Buenos Aires: Programa de Reforma Educativa en América Latina, 2002.

[27] Peter Dolton , Andrew Tremayne, Tsung-Ping Chung. The Economic Cycle and Teacher Supply [N]. *OECD working paper*, 2005.

[28] Peter Dolton, Wilbert von der Klaauw. Leaving Teaching in the UK: A Duration Analysis [J]. *The Economic Journal*, 1995, 105 (3): 431 –444.

[29] Reed, D. F. , Busby, D. W. (1985). Teacher Incentives in Rural Schools. [J]. *Research in Rural Education*, 3 (2): 69 –73.

[30] Ruml, B, Tickton, S. 1995. Teaching Salaries then and Now. New York: Fund for the Advancement of Education.

[31] Stinebrickner, T. R. (2001a). A Dynamic Model of Teacher Labor Supply. [J]. *Journal of Labor Economics*, 19 (1), 196 –230.

[32] Stinebrickner, T. R. . An Emprica Investigation of Teacher Attrition. [J]. *Economics of Education Review*, 1998, 17 (2): 127 –136.

[33] Hall, B. W. , Pearson, L. C. , Carroll, D. Teachers' Long – Range Teaching Plans: A Disicriminant Analysis [J]. The Journal of Education Research. 1992, 85 (4): 221 –225.

[34] Hoxby. 2002. Would School Choice Change the Teaching Profession [J]. *Journal of Human Resources* 37: 846 – 91.

[35] Discriminant Analysis. [J]. *Journal of Educational Research*, 1992, 85 (4): 221 –225.

［36］Explain Their Career Decisions ［J］. *American Educational Research Association*, 40 （3）, 581 – 617.

［37］Peter Dolton , Andrew Tremayne, Tsung – Ping. Chung The Economic Cycle and Teacher Supply ［N］. *OECD working paper*, 2005.

［38］Stinebrickner, T. R. （2001b）. Compensation Policies and Teacher Decisions. ［J］. *International Economic Review*, 42 （3）, 751 – 779.

［39］Eric Hanushek. Handbook of the economics of education ［M］. Elsevier B. B, 2011.

［40］Morduchowicz, A. 2002. Carreras, Incentives Yestructura Salariales, Docents. Buenos Aires: Programa de Reforma Educativa en América Latina.

［41］V. H. Vroom, Work and Motivation ［M］. New York: John Wiley and Sons, 1964.

［42］Brian A. Jacob, Steven D. Levitt. Rotten Apples: An Investigation of the Prevalence and Predictors of Teacher Cheating ［J］. *The Quarterly Journal of Economic*, 2003, 118 （3）: 843 – 877.

［43］Goldhaber, Hyung, DeArmond, Player. Why do So Few Public School Districts Use Merit Pay ［J］. *Journal of Education Finance*, 2005, 33 （3）: 262 – 289.

［44］Richard J. Murnane, David K. Cohen, Merit Pay and the Evaluation Problem: Why Most Merit Pay Plans Fail and a Few Survive ［J］. *Harvard Educational Review*, 1986, 56 （1）: 1 – 18.

二、中文著作

［1］Y. 巴泽尔. 产权的经济分析 ［M］. 费方域, 段毅才, 译. 上海: 上海人民出版社, 2002.

［2］艾尔. 巴比. 社会研究方法（第十一版）［M］. 邱泽奇, 译. 北京: 华夏出版社, 2009.

［3］范先佐. 教育经济学 ［M］. 北京: 人民教育出版社, 1999: 331 – 332.

［4］国家统计局人口和就业统计司/人力资源和社会保障部规划财务司. 中国劳动统计年鉴 ［M］. 北京: 中国统计出版社, 2011.

［5］裴娣娜．教育研究方法导论［M］．合肥：安徽教育出版社，2006.

［6］［美］Martin Carnoy．教育经济学国际百科全书（第二版）［M］．闵维方等，译．北京：高等教育出版社，1998.

［7］科恩．盖斯克．教育经济学．［M］．范元伟，译．北京：格致出版社，2009.

［8］曾晓东．中国中小学教师发展报告［M］．北京：社会科学文献出版社，2012.

［9］陈少平，张绘屏．国家机关和事业单位工资制度变革［M］．北京：中国人事出版社，1990.

［10］杜育红，刘亚荣，宁本涛．学校管理的经济分析［M］．北京：北京师范大学出版社，2003.

［11］杜育红．教育发展不平衡研究［M］．北京：北京师范大学出版社，2000.

［12］杜育红，孙志军．中国义务教育财政研究［M］．北京：北京师范大学出版社，2009.

［13］杜育红．教育政策的监测与评价研究——以"西部基础教育发展"项目影响力评价为例［M］．北京：人民教育出版社，2011.

［14］拉齐尔．人事管理经济学［M］．北京：北京大学出版社，2000.

［15］靳希斌．教育经济学［M］．北京：人民教育出版社，2009.

［16］康士勇．工资理论与工资管理［M］．北京：中国劳动社会保障出版社，2006.

［17］克里夫·R.贝尔菲尔德．教育经济学——理论与实证［M］．曹淑江，译．北京：中国人民大学出版社，2006.

［18］李宝元．薪酬管理：原理、方法、实践［M］．北京：清华大学出版社，2008.

［19］李建民．事业单位绩效工资改革操作实务手册［M］．北京：机械工业出版社，2010.

［20］李志峥．薪酬体系设计与管理实务［M］．南京：凤凰出版社，2012.

［21］林健．大学薪酬管理——从实践到理论［M］．北京：清华大学出版社，2010.

［22］刘英杰．中国教育大事典．1949—1990（上）［M］．杭州：浙江教育出版社，1993．

［23］马新建．薪酬管理与公平分配［M］．北京：北京师范大学出版社，2008．

［24］麦克米金，武向荣．教育发展的激励理论［M］．北京：北京师范大学出版社，2008．

［25］乔治·T. 米尔科维奇，杰里．M. 纽曼．薪酬管理（第九版）．［M］．成得礼，译．北京：中国人民大学出版社，2008．

［26］王善迈．教育投入与产出研究［M］．石家庄：河北教育出版社，1999．

［27］王善迈．教育经济学简明教程［M］．北京：高等教育出版社，2000．

［28］于建嵘．岳村政治——转型期中国社会乡村政治体系的变迁［M］．上海：商务印书馆，2001．

［29］中央教育科学研究所教育督导评估中心．义务教育均衡发展报告（2010）［M］．北京：教育科学出版社，2010．

［30］George J. Borjas. 劳动经济学（第三版）［M］．北京：中国人民大学出版社，2010．

［31］陈思明．现代薪酬学［M］．上海：立信会计出版社，2004．

［32］加雷斯·琼斯，珍妮弗·乔治．当代管理学［M］．郑风田等，译注．北京：人民邮电出版社，2006．

［33］康士勇．薪酬设计——薪酬理论与政策环境［M］．北京：中国劳动社会保障出版社，2006．

［34］刘洪．薪酬管理［M］．北京：北京师范大学出版社．

［35］杨河清．劳动经济学［M］．北京：中国人民大学出版社，2010．

［36］约瑟夫·J. 马尔托奇奥．战略薪酬管理（第五版）［M］．杨东涛，钱峰，译．中国人民大学出版社，2010．

［37］张维迎．博弈论与信息经济学［M］．北京：上海人民出版社，2005．

［38］中共中央马克思恩格斯列宁斯大林著作编译局．马克思恩格斯全集［M］．北京：人民出版社，2006．

[39] 杨颖秀. 学校管理 ［M］. 北京：北京师范大学出版社，2012.

三、中文期刊

［1］栾丽云. 现实与差距——和谐视野下的中国教师工资水平研究［J］. 现代教育管理，2009（01）：91-94.

［2］何祚庥，兰士斌，郜丽文. 我国教师收入的合理水准［J］. 科技导报，1990（06）.

［3］胡耀宗，童宏保. 义务教育教师绩效工资政策执行中的问题及解决策略［J］. 教师教育研究，2010（04）.

［4］庞丽娟，韩小雨，谢云丽，李琳，夏婧. 完善机制落实义务教育教师绩效工资政策［J］. 教育研究，2010（04）.

［5］曲恒昌. 关于我国义务教育教师工资收入的几个问题［J］. 高等师范教育研究，1995（03）.

［6］鲜红，陈恩伦. 义务教育教师绩效工资政策实施中的交易费用研究［J］. 教育与经济，2010（01）.

［7］杨建芳，王蓉. 义务教育教师与公务员的收入比较［J］. 教育与经济，2008（04）.

［8］杨挺. 教师绩效工资制度审视：人力资本的视角［J］. 中国教育学刊，2010（07）.

［9］文跃然，欧阳杰. 高校教师职业特点及其收入分配改革研究［J］. 中国高教研究，2004：11-20.

［10］陈赟. 20世纪90年代教师工资问题研究［J］. 清华大学教育研究，2003（02）：92-96.

［11］王静，洪明. 美国义务教育教师工资的当前状况——美国教师联合会（AFT）2007年教师工资调查报告简介［J］. 外国义务教育教育，2007（10）：43-65.

［12］曲恒昌，曾晓东. OECD国家义务教育教师工资制度的逻辑基础［J］. 比较教育研究，2011（02）：22-26.

［13］樊彩萍. 我国教师工资的统计分析［J］. 教育发展研究，2010（21）：22-25.

［14］付尧. 我国城镇地区间义务教育资源投入差异研究［J］. 北京师范

大学学报．2011（03）：125－133．

[15] 朱旭东，周钧．教师专业发展研究述评 [J]．中国教育学刊，2007（01）：68－73．

[16] 安雪慧．义务教育教师职业发展与教学工作激励——来自中国农村的经验 [J]．北京师范大学学报（社会科学版），2008（03）：117－122．

[17] 肖燕．我国普通高中教师工资制度改革研究 [D]．华中师范大学，2010．

[18] 肖丽萍．国内外教师专业发展研究书评 [J]．中国教育学刊．2002（05）：57－60．

[19] 杨秀玉．教育发展阶段论综述 [J]．外国教育研究，1999（06）：36－41．

[20] 赵国军．薪酬管理方案设计与设施 [M]．北京：化学工业出版社，2009．

[21] 孙睿君．李子奈不同期限类型劳动合同的工资决定机制及差异——基于中国家庭住户收入调查数据的经验研究 [J]．2010（02）：36－47．

[22] 李星云．国外义务教育教师工资制度对我国的启示 [J]．教育与经济，2008（03）：69－72．

[23] 庞丽娟，韩小雨等．完善机制落实义务教育教师绩效工资政策 [J]．教育研究，2010（04）：40－44．

[24] 柴江．苏北地区初中教师绩效工资收入的调查研究 [J]．教育测量与评价（理论版），2011（04）：13－16．

[25] 何嘉．义务教育绩效工资与考核对教师专业发展的影响——以江苏省为例 [J]．教育科学论坛，2010（09）：59－61．

[26] 雷美．我国农村义务教育学校绩效工资制实施中的问题与对策研究 [D]．西南大学，2010．

[27] 赵德成．绩效工资如何设计才能有效激励教师——基于心理学理论的分析 [J]．中国教育学刊，2010（06）：32－35．

[28] 李小土，刘明兴，安雪慧．"以县为主"背景下的西部农村教育人事体制和教师激励机制 [J]．教师教育研究，2010（03）：49－55．

[29] 吕星宇．义务教育教师绩效工资改革逻辑分析 [J]．中国教育学刊，2012（06）：21－24．

［30］赵宏斌，惠祥凤，傅乘波．我国义务教育教师绩效工资实施的现状研究——基于对25个省77个县279所学校的调查［J］．教育理论与实践，2011（10）：24－27.

［31］容中逵．教师绩效工资实施问题及其臻善——基于对浙江省的实地调研［J］．中国教育学刊，2012（01）：38－47.

［32］罗晓杰．国内外教师专业发展阶段研究述评［J］．教育科学研究2006（07）：10.

［33］申继亮，王凯荣，李琼．教师职业及其发展［J］．义务教育教师培训，2003（03）.

附录1 义务教育教师名义工资及其增长率（1990—2010 年）

单位：元

年份	小学教师名义工资		中学教师名义工资		CPI（以 1978 年为基期）	
	工资	增长率	工资	增长率	CPI	增长率
2010	35 419	14.1%	38 457	12.5%	536.1	3.3%
2009	31 036	18.2%	34 169	14.3%	519.0	−0.7%
2008	26 258	16.4%	29 889	15.2%	522.7	5.9%
2007	22 554	27.2%	25 954	23.7%	493.6	4.8%
2006	17 729	14.2%	20 979	13.5%	471.0	1.5%
2005	15 528	13.0%	18 476	13.4%	464.0	1.8%
2004	13 747	12.5%	16 299	13.1%	455.8	3.9%
2003	12 223	9.1%	14 415	12.1%	438.7	1.2%
2002	11 207	16.1%	12 857	16.0%	433.5	−0.8%
2001	9 649	19.3%	11 080	19.9%	437.0	0.7%
2000	8 085	9.1%	9 239	10.2%	434.0	0.4%
1999	7 413	13.7%	8 385	14.1%	432.2	−1.4%
1998	6 522	8.2%	7 348	10.7%	438.4	−0.8%
1997	6 030	8.6%	6 639	9.6%	441.9	2.8%
1996	5 550	11.4%	6 059	11.7%	429.9	8.3%
1995	4 982	10.4%	5 424	9.7%	396.9	17.1%
1994	4 514	45.7%	4 943	50.1%	339.0	24.1%
1993	3 098	18.9%	3 293	20.7%	273.1	14.7%
1992	2 606	27.4%	2 729	27.6%	238.1	10.0%
1990	2 045	NA	2 139	NA	216.4	NA
1990－2010	16.19%		16.42%		4.89%	

（注：义务教育教师工资数据来自中国劳动统计年鉴 1991—2011 年，其中 1991 年的数据缺失。居民消费价格指数 CPI 来自中国统计年鉴 2011，CPI 数据以 1978 年为基期 100。）

附录2 义务教育教师实际工资及其增长率

(1990—2010 年)

单位：元

年份	以1990年为基期的实际工资				以2010年为基期的实际工资			
	小学	增长率	中学	增长率	小学	增长率	中学	增长率
2010	14 297	10.48%	15 523	8.96%	35 419	10.5%	38 457	9.0%
2009	12 941	19.04%	14 247	15.13%	32 059	19.0%	35 295	15.1%
2008	10 871	9.94%	12 374	8.75%	26 931	9.9%	30 655	8.8%
2007	9 888	21.39%	11 379	18.05%	24 496	21.4%	28 189	18.0%
2006	8 146	12.48%	9 639	11.86%	20 179	12.5%	23 879	11.9%
2005	7 242	10.96%	8 617	11.35%	17 941	11.0%	21 347	11.4%
2004	6 527	8.25%	7 738	8.83%	16 169	8.2%	19 170	8.8%
2003	6 029	7.77%	7 111	10.79%	14 937	7.8%	17 615	10.8%
2002	5 594	17.08%	6 418	16.97%	13 859	17.1%	15 900	17.0%
2001	4 778	18.53%	5 487	19.10%	11 837	18.5%	13 593	19.1%
2000	4 031	8.61%	4 607	9.73%	9 987	8.6%	11 413	9.7%
1999	3 712	15.29%	4 198	15.75%	9 195	15.3%	10 401	15.7%
1998	3 219	9.02%	3 627	11.56%	7 975	9.0%	8 986	11.6%
1997	2 953	5.70%	3 251	6.60%	7 315	5.7%	8 054	6.6%
1996	2 794	2.85%	3 050	3.13%	6 921	2.8%	7 556	3.1%
1995	2 716	−5.73%	2 957	−6.28%	6 729	−5.7%	7 326	−6.3%
1994	2 882	17.38%	3 155	20.93%	7 139	17.4%	7 817	20.9%
1993	2 455	3.64%	2 609	5.20%	6 081	3.6%	6 464	5.2%
1992	2 368	15.82%	2 480	15.96%	5 868	15.8%	6 145	16.0%
1990	2 045	NA	2 139	NA	5 066	NA	5 299	NA
1990—2010	10.77%		10.99%		11.4%		11.6%	

附录3 义务教育教师与公务员工资差距
（1990—2010 年）

单位：元

年份	公务员工资		教师与公务员实际工资之差			
	名义工资	实际工资	小学	差值%	中学	差值%
1990	2 115	5 240	−173	−3.31%	59	1.13%
1992	2 774	6 246	−378	−6.06%	−101	−1.62%
1993	3 408	6 690	−609	−9.10%	−226	−3.37%
1994	4 958	7 841	−702	−8.96%	−24	−0.30%
1995	5 527	7 465	−736	−9.86%	−139	−1.86%
1996	6 341	7 907	−986	−12.47%	−352	−4.45%
1997	6 987	8 476	−1 161	−13.70%	−422	−4.98%
1998	7 760	9 489	−1 514	−15.95%	−504	−5.31%
1999	8 965	11 120	−1 925	−17.31%	−719	−6.47%
2000	10 024	12 382	−2 395	−19.34%	−970	−7.83%
2001	12 097	14 840	−3 003	−20.24%	−1 248	−8.41%
2002	13 932	17 229	−3 370	−19.56%	−1 329	−7.72%
2003	15 517	18 962	−4 025	−21.23%	−1 347	−7.10%
2004	17 623	20 728	−4 559	−21.99%	−1 557	−7.51%
2005	20 521	23 710	−5 769	−24.33%	−2 363	−9.97%
2006	22 927	26 096	−5 916	−22.67%	−2 217	−8.50%
2007	28 140	30 563	−6 067	−19.85%	−2 374	−7.77%
2008	32 938	33 782	−6 851	−20.28%	−3 127	−9.26%
2009	35 317	36 481	−4 422	−12.12%	−1 186	−3.25%
2010	38 193	38 193	−2 774	−7.26%	264	0.69%

（注：公务员数据为劳动统计年鉴中国家机关人员平均工资。）

附录4　义务教育教师与制造业工人实际工资差值
（1990—2010 年）

单位：元

年份	工人工资		教师与工人工资之差			差值%
	名义工资	实际工资	小学	差值%	中学	
1990	2 409	5 968	− 902	− 15.11%	− 669	− 11.21%
1992	2 995	6 743	− 876	− 12.99%	− 599	− 8.88%
1993	3 348	6 572	− 491	− 7.47%	− 108	− 1.64%
1994	4 283	6 773	365	5.39%	1 044	15.41%
1995	5 169	6 982	− 253	− 3.62%	344	4.93%
1996	5 642	7 036	− 115	− 1.63%	520	7.39%
1997	5 933	7 198	118	1.63%	856	11.90%
1998	7 067	8 642	− 666	− 7.71%	344	3.98%
1999	7 794	9 668	− 473	− 4.89%	733	7.58%
2000	8 750	10 808	− 821	− 7.60%	604	5.59%
2001	9 774	11 990	− 153	− 1.28%	1 602	13.36%
2002	11 001	13 605	255	1.87%	2 295	16.87%
2003	11 152	13 628	1 309	9.60%	3 987	29.26%
2004	14 033	16 505	− 336	− 2.04%	2 665	16.15%
2005	15 757	18 205	− 265	− 1.45%	3 141	17.26%
2006	17 966	20 449	− 270	− 1.32%	3 429	16.77%
2007	20 884	22 682	1 814	8.00%	5 507	24.28%
2008	24 192	24 812	2 119	8.54%	5 843	23.55%
2009	26 810	27 693	4 365	15.76%	7 601	27.45%
2010	30 916	30 916	4 503	14.57%	7 541	24.39%

（注：1990 和 1992 年的没有对工业大类进行细分，因此工人工资采用工业行业平均工资；2003—2010 年为制造业工人平均工资。）

附录 5　中国家庭动态跟踪调查职业分类

1　国家机关、党群组织、企业、事业单位负责人

1.0　中共党组织负责人

1.0.101　中国共产党中央及其工作机构负责人（常委、委员、秘书长、部长、局长、处长等）

1.0.102　中国共产党省级机关及其工作机构负责人（书记、常委、部长、处长、科长等）

1.0.103　中国共产党地、市级机关及其工作机构负责人（书记、常委、部长、处长、科长等）

1.0.104　中国共产党区、县级机关及其工作机构负责人（书记、常委、部长、科长、股长等）

1.0.105　中国共产党街道、乡镇级机关及其工作机构负责人（书记、常委、部长、股长等）

1.0.106　中国共产党基层组织及其工作机构负责人（居委会、村委会、车间党支部书记、副书记等）

1.1　人大机关及其工作机构负责人

1.1.111　中央级人大机关及其工作机构负责人（正副委员长、秘书长、部长、局长、处长等）

1.1.112　省级（含计划单列市）人大机关及其工作机构负责人（正副主任、秘书长、局长、处长、科长等）

1.1.113　地、市级人大机关及其工作机构负责人（正副主任、局长、秘书长、处长、科长等）

1.1.114　区、县级人大机关及其工作机构负责人（正副主任、局长、股长等）

1.1.115　街道、乡镇级人大机关及其工作机构负责人（正副主任、下属股长等）

1.2　政协机关及其工作机构负责人

1.2.121　中央级政协机关及其工作机构负责人（正副主席、秘书长、部长、局长、处长等）

1.2.122 省级（含计划单列市）政协机关及其工作机构负责人（正副主席、局长、处长、科长等）

1.2.123 地、市级政协机关及其工作机构负责人（正副主席、处长、科长等）

1.2.124 区、县级政协机关及其工作机构负责人（正副主席、科长、股长等）

1.2.125 街道、乡镇级政协机关及其工作机构负责人（正副主席、下属股长等）

1.3 司法机关及其工作机构负责人

1.3.131 中央级司法机关及其工作机构负责人（高等法院院长、总检察长）

1.3.132 省级（含计划单列市）司法机关及其工作机构负责人

1.3.133 地、市级司法机关及其工作机构负责人

1.3.134 区、县级司法机关及其工作机构负责人

1.3.135 区、县级司法机关派出机构负责人（区县司法机关派出在乡镇的巡回法庭负责人）

1.4 政府机关及其工作机构负责人

1.4.141 中央级政府机关及其工作机构负责人（正副总理、秘书长、部长、局长、处长、主任等）

1.4.142 省级（含计划单列市）政府机关及其工作机构负责人（正副省长、秘书长、厅长、处长、科长等）

1.4.143 地、市级政府机关及其工作机构负责人（正副市长、处长、科长等）

1.4.144 区、县级政府机关及其工作机构负责人（正副县长、局长、股长等）

1.4.145 街道、乡镇级政府机关及其工作机构负责人（正副镇长、下属股长等）

1.5 民主党派组织负责人

1.5.151 民主党派中央及其工作机构负责人

1.5.152 民主党派省级机关及其工作机构负责人

1.5.153 民主党派地、市级机关及其工作机构负责人

1.5.154　民主党派区、县级机关及其工作机构负责人

1.5.155　民主党派街道、乡镇级机关及其工作机构负责人

1.5.156　民主党派其他机关及其工作机构负责人

1.6　工会、共青团、妇联组织负责人

1.6.161　工会、共青团、妇联中央及其工作机构负责人

1.6.162　工会、共青团、妇联省级机关及其工作机构负责人

1.6.163　工会、共青团、妇联地、市级机关及其工作机构负责人

1.6.164　工会、共青团、妇联区、县级机关及其工作机构负责人

1.6.165　工会、共青团、妇联街道、乡镇机关及其工作机构负责人

1.6.166　其他工会、共青团、妇联机关及其工作机构负责人

1.7　其他社会团体组织负责人

1.7.171　中央级社会团体（全国性）及其工作机构负责人

1.7.172　省、部级社会团体（全省性）及其工作机构负责人

1.7.173　地、市、局级社会团体（全市性）及其工作机构负责人

1.7.174　区、县、处级社会团体及其工作机构负责人

1.7.175　街道、乡镇、科级社会团体及其工作机构负责人

1.7.176　股级以下社会团体及其工作机构负责人

1.7.177　无级别社会团体及其工作机构负责人

1.7.178　基层群众自治组织负责人及其工作机构负责人（村委会、居委会、社区志愿者组织）

1.8　事业单位及其工作机构负责人

1.8.181　省、军、部级国有事业单位及其工作机构负责人

1.8.182　地、市、师级国有事业单位及其工作机构负责人

1.8.183　区、县、处、团级国有事业单位及其工作机构负责人

1.8.184　科级、营级国有事业单位及其工作机构负责人

1.8.185　股级、连级以下国有事业单位及其工作机构负责人

1.8.186　无级别国有事业单位及其工作机构负责人

1.8.187　非公有制事业单位及其工作机构负责人（民办事业单位）

1.8.188　无法分类的事业单位负责人

1.9　企业单位及其工作机构负责人

1.9.191　国有及国有控股企业单位及其工作机构负责人

1.9.192　集体所有制企业单位及其工作机构负责人

1.9.193　非公有制企业单位及其工作机构负责人

2　专业技术人员

2.1　社会科学研究人员

2.1.201　社会科学研究人员（工作内容：从事社会科学研究工作。职称系列：研究员，副研究员，助理研究员，研究实习员）

2.1.202　自然科学研究人员（工作内容：从事自然科学研究工作职称系列：研究员，副研究员，助理研究员，研究实习员）

2.1.203　工程技术人员（应用科学知识于工业方面的技术人员。包括设计人员和生产过程中的技术人员，修理保养方面的技术人员。职称系列：教授级高级工程师，副教授级高级工程师，工程师，助理工程师，技术员）

2.1.204　飞机和船舶技术人员（工作内容：指挥、驾驶、检查、调整、维修。职称系列：教授级高级工程师，副教授级高级工程师，工程师，助理工程师，技术员）

2.1.205　医疗卫生技术人员（疾病诊断、处方、治疗和预防，药剂配置，病人护理，公共卫生防疫）

2.1.206　农林技术人员（应用科学知识于农业、林业、畜牧业、渔业等方面的技术人员）

2.1.207　经济业务人员［具体办理经济业务的人员（一般指具有专业职称或专业资格认证的经济业务人员）］

2.1.208　法律工作人员（根据国家法律，对案件进行公诉、检举、审判、辩护的人员）

2.1.209　高等学校教学人员［在各类高等院校（大专以上）专门从事教育工作（组织课程、管理教师、安排考试、校外辅导等）的人员］

2.1.210　中等学校教学人员［在各类中等学校专门从事教育工作（组织课程、管理教师、安排考试、校外辅导等）的人员］

2.1.211　初等学校教学人员［在各类初等学校专门从事教育工作（组织课程、管理教师、安排考试、校外辅导等）的人员］

2.1.212　其他教学人员（从事幼儿教育、特殊教育、其他教育的人员）

2.1.213　文艺工作人员（专门从事文艺工作的人员）

2.1.214　体育工作人员（专门从事体育工作的人员）

2.1.215 新闻出版、文化工作人员（专门从事文化、新闻、出版等工作的人员）

2.1.216 社会工作者（专门对他人的困难提供援助、帮助他人改善生活、配合社会需要调整人际关系和社会关系的人员）

2.1.217 人事和职业工作人员

2.1.218 宗教职业者〔专门从事宗教职业的和尚、道士、尼姑、修女、牧师、神甫、阿訇、喇嘛等。不包括在宗教职业机构或团体内从事非宗教职业的人员（如机关办事人员、教育、医务人员）〕

2.1.219 其他专业人员、技术人员

3 办事人员和有关人员

3.1 党政机关、人大、政协、民主党派、社会团体的办事人员

3.1.301 办公室管理者（主任、副主任等）

3.1.302 （负责人）秘书，（负责人）助理

3.1.303 行政执行人员和行政业务管理人员

3.1.304 文案工作人员，档案图书资料管理人员（文书，文案人员，图书资料管理人员，档案人员，速记员，打字员，誊印人员，编码员，校对员，计算机操作员，复印机操作员等）

3.1.305 收发员，通讯员，传达室人员，接待人员，话务员

3.1.306 财务人员（出纳员，工资员）

3.1.307 后勤工作人员（房管人员，保管员，仓库管理员）

3.1.308 政工人员（政治工作人员、宣传工作人员、纪律检查人员、单位内部党办、工会、妇联、共青团工作人员、司法劳教机构教导人员）

3.1.309 保卫人员（警卫人员、保安人员、司法劳教机构的监狱看守人员等）

3.1.310 党政机关、民主党派社会团体中的其他有关办事人员

3.2 事业单位办事人员

3.2.321 办公室管理者（主任、副主任等）

3.2.322 （负责人）秘书，（负责人）助理

3.2.323 行政执行人员和行政业务管理人员

3.2.324 文案工作人员，档案图书资料管理人员（文书，文案人员，图书资料管理人员，档案人员，速记员，打字员，誊印人员，编码员，校对员，

计算机操作员，复印机操作员等）

  3.2.325 收发员，通讯员，传达室人员，接待人员，话务员

  3.2.326 财务人员 出纳员，工资员

  3.2.327 后勤工作人员（房管人员，保管员，仓库管理员）

  3.2.328 政工人员（政治工作人员、宣传工作人员、纪律检查人员、单位内部党办、工会、妇联、共青团工作人员）

  3.2.329 保卫人员（警卫人员、保安人员等）

  3.2.330 事业单位中的其他有关办事人员

  3.3 企业单位办事人员

  3.3.371 办公室管理者（主任、副主任等）

  3.3.372 （负责人）秘书，（负责人）助理

  3.3.373 行政执行人员和业务管理人员

  3.3.374 文案工作人员，档案图书资料管理人员（文书，文案人员，图书资料管理人员，档案人员，速记员，打字员，誊印人员，编码员，校对员，计算机操作员，复印机操作员等）

  3.3.375 收发员，通讯员，传达室人员，接待人员，话务员

  3.3.376 财务人员（出纳员，工资员、成本核算员、审计员、材料和生产规划员）

  3.3.377 后勤工作人员（房管人员，保管员，仓库管理员）

  3.3.378 政工人员（政治工作人员、宣传工作人员、纪律检查人员、单位内部党办、工会、妇联、共青团工作人员）

  3.3.379 保卫工作人员（警卫人员、保安人员等）

  3.3.380 企业中的非专业技术性业务人员（指无专业技术职称或无须专业资格认证的业务人员）

  3.3.381 企业单位中的其他办事人员和有关人员

  4 商业工作人员

  4.1 小商店、商铺、小业主（个体老板）和经理

  4.1.411 营业员、售货员

  4.1.412 商店、超市收银员

  4.1.413 采购员和供销人员

  4.1.414 收购人员

4.1.415　推销、展销人员

4.1.416　商业代理人员

4.1.417　服装模特、广告模特

4.1.418　保险、证券、不动产等推销员和拍卖人

4.1.419　街头小贩、商品兜售员和报贩

4.1.420　市场管理人员

4.1.421　其他商业工作人员

4.1.422　农副产品小贩

5　服务性工作人员

5.1　饭店、旅游及健身娱乐场所服务人员

5.1.511　小旅馆、小招待所、小餐厅、美容院、发廊、酒吧、歌舞厅、洗衣店等服务业和娱乐业的小业（个体老板）和经理

5.1.512　宾馆、酒店、夜总会等服务业和娱乐业的部门经理、领班、组长等

5.1.513　宾馆、旅馆、旅店、招待所服务员

5.1.514　饭馆、餐厅、快餐部、咖啡馆、酒吧服务员

5.1.515　歌厅、夜总会等娱乐场所服务员，伴舞者，坐台小姐

5.1.516　理发馆、发廊、美容院、化妆室、按摩室、浴室、桑拿、洗头屋、洗脚屋服务员

5.1.517　影剧院、体育场、体育馆、公共游览观赏场所服务员

5.1.518　园林服务人员

5.1.519　导游员（在旅游中担任向导并作介绍的人员）

5.2　运输服务人员

5.2.521　飞机上的乘务长、班长、组长

5.2.522　飞机上的乘务员、空中小姐

5.2.523　航空运输的地面服务人员（售票员、客运员、货运员、行李员等）

5.2.524　火车、轮船的乘务长、班长、组长

5.2.525　火车、汽车、轮船的服务员、售票员、乘务员、售票员

5.2.526　火车、汽车、轮船客运的其他工作人员（如客运员、检票员、行李员等）

5.2.527 火车、客运汽车、客轮驾驶员（火车司机、公共汽车司机、长途汽车司机等）

5.2.528 出租汽车司机

5.2.529 人力和机动三轮车夫（拉客三轮车夫、送货三轮车夫）

5.3 其他服务性工作人员

5.3.531 医疗卫生辅助服务人员

5.3.532 托儿所、幼儿园保育员

5.3.533 饭店、酒店、餐厅的厨师

5.3.534 单位食堂的厨师和炊事员

5.3.535 （照相馆）摄影师

5.3.536 （眼镜店）验光配镜人员

5.3.537 殡葬人员

5.3.538 服务行业的保管员、理货员、养护员、储运员、冷藏工等

5.3.539 办公设备维修人员

5.3.540 家电维修人员

5.3.541 生活日用品修理人员

5.3.542 洗染织补人员

5.3.543 家政服务员、家务小时工

5.3.544 清洁工，勤杂工，环卫工人

5.3.545 寄存处工作人员

5.3.546 看车人、开电梯的人、锅炉房烧开水的人等

5.4 其他服务性工作人员

5.4.541 各类机关、企业单位中开小（轿）车司机

5.4.542 供水、供热及生活燃气供应、维修服务人员

5.4.543 相面算命者

5.4.544 汽车、摩托车修理工、加油站加油工等

5.4.545 婚介、职业中介、房产中介等社会中介服务人员

6 农、林、牧、渔、水利业生产人员

6.1 种植业生产人员

6.1.611 粮农（包括农业工人）（从事各类粮食作物的种植、管理、收获）

6.1.612　棉农（包括农业工人）（从事棉花的种植、管理、收获）

6.1.613　菜农（包括农业工人）（从事蔬菜、瓜类的种植、管理、收获）

6.1.614　果农、茶农、桑农、甘蔗农以及其他农民（包括农业工人）（从事果品、茶叶、甘蔗等作物的种植、管理、收获等）

6.1.615　其他种植业劳动者

6.2　林业生产人员

6.2.621　苗圃和园林人员，营林、造林人员

6.2.622　森林管理员、护林员，木材估测员

6.2.623　采伐、切割、运输人员

6.2.624　制碳人员和其他林业工人

6.2.625　其他林业劳动者

6.3　畜牧业生产人员

6.3.631　大牲畜饲养人员

6.3.632　家禽、家畜、蜜蜂、蚕的饲养人员

6.3.633　特殊用途动物饲养人员（观赏动物、军犬、警犬饲养等）

6.3.634　其他畜牧业人员

6.4　渔业生产人员

6.4.641　水产养殖劳动者

6.4.642　水产捕捞劳动者

6.4.643　天然水生物采集劳动者（采集贝类、海藻、海带等）

6.4.644　机动渔船驾驶员

6.4.645　其他渔业劳动者

6.5　其他农、林、牧、渔劳动者

6.5.651　狩猎业劳动者

6.5.652　农业机械操作人员，农业机械专业户

6.5.653　水利设施管理养护人员（河道、水库管养人员；农田灌排工程建设管理维护人员；水土保持作业人员；水文勘测作业人员；其他水利设施管理养护人员；农村能源开发利用人员）

6.5.654　其他农、林、牧、渔、水利业生产人员

6.5.655　农、林、牧、渔家庭雇工〔受雇于他人（其他个人、家庭）的农、林、牧渔劳动者〕

6.5.656　农业工人

6.5.657　农村运输专业户（个体运输）

7　生产工人、运输工人和有关人员

7.1　生产工人、运输工人和有关人员

7.1.711　采矿、采石、勘探、钻井、采盐工人（从事矿物采掘，地质勘探采掘物提炼前的处理，操作钻井设备等）

7.1.712　金属冶炼和处理工人（从事金属冶炼、有色金属精炼、金属轧制、铸造、热处理、拉拔、挤压，金属表面处理等）

7.1.713　化学工人（从事化工和日用化工产品、化学纤维、石油炼制、烧焦、各种药品、其他化学品的生产以及生产过程中动力设备的操作）

7.1.714　橡胶和塑料制品生产工人（从事橡胶、天然橡胶、合成橡胶和塑料的糅合、积压、模制、轧片、射出成型，操作有关机器设备，生产产品）

7.1.715　纺织、针织、印染工人（从事纤维预处理、纺织、针织、印染工作，操作有关机器或进行机器的调节维修）

7.1.716　皮革、皮毛制造及制品制作工人（从事各种兽皮的加工，皮革、皮毛制品制作等）

7.1.717　裁剪、缝纫工人（从事以纺织品为材料的服装、鞋帽、帐幔、垫等的设计和制造）

7.1.718　食品饮料制作工人（制造各种食品、饮料）

7.1.719　制烟工人（从事烟叶处理和制造各种烟制品）

7.1.720　木料加工和木、竹、麻、藤、棕、草制品制作工人（从事木料处理、加工，制造家具和木质构造物，竹、麻、藤、棕、草制品的制造）

7.1.721　造纸和纸制品制作工人（制造纸浆、纸，以及纸袋、纸盒、纸箱、信封、纸板等）

7.1.722　印刷工人和有关人员（从事排字、制版、印刷、装订等印刷物生产）

7.1.723　石料切割和雕刻工（从事石材、碑材等的裁切、琢磨、雕刻、琢制、着色、雕花等）

7.1.724　机械制造加工人员（从事金属的锤、锻，金属工具、模具、样板的制作，金属切削和锻压机床的安装操作，工具磨利等。如：锻工、工具制造工、机床安装操作工）

7.1.725　机电产品装配人员（从事各种机器、设备的装配、保养、修理，钟表和其他非电子精密仪器的制造、保养、修理）

7.1.726　机械设备修理人员（机械设备维修人员，仪器仪表修理人员，民用航空器维修人员，其他机械设备修理人员）

7.1.727　电力设备安装、运行、检修及供电人员（电力设备安装人员，发电运行值班人员，输电、配电、变电设备值班人员，电力设备检修人员，供用电人员，生活、生产电力设备安装、操作、修理人员，其他电力设备安装、运行、检修人员）

7.1.728　电子元器件与设备制造、装配、调试及维修人员（电气、电子设备安装工、修理工、装配工和有关人员）

7.1.729　广播影视制品制作、播放及文物保护作业人员〔从事广播电台（站）各类设备的操作，电影放映，录音、录像、音响设备的操作等。如：影视制作人员，音像制品制作复制人员，广播影视舞台设备安装调试及运行操作人员〕

7.1.730　管工、焊工、冷作工和金属构件安装工（从事金属管道及管道系统的装配、安装、修理，金属的火焰、电弧等切割，金属薄板制品的冷作、修理，金属建材或其他金属构件的成形、组合、架设、修理等）

7.1.731　玻璃、陶瓷和搪瓷制品工人（从事玻璃的成型、切割、研磨、修整，陶瓷和搪瓷制品的原料生产、制作、雕刻、蚀刻、彩绘、装饰等）

7.1.732　油漆工人（从事建筑物、船舶、飞机、车辆、木器、金属品等的表面油漆处理）

7.1.733　文教、工艺品生产工人和有关人员（从事文教、体育用品制造，乐器制造和调音，珠宝、金银首饰加工，工艺美术品制作等）

7.1.734　图纸、文件复制工人和有关人员（从事制图、绘图、描图、绘画、影印、复印等）

7.1.735　药品生产人员

7.1.736　日用杂品生产工人和有关人员（从事箱包、手袋、玩具、伞、灯笼、纸扇的制造等）

7.1.737　建筑材料生产工人和有关人员（从事水泥、石棉、砖瓦、石灰、耐火材料及其制品的制造）

7.1.738　建筑工程施工人员（直接从事建筑物的建筑和修理，不包括管道工、焊接工和土建设备操作工人。如：土石方施工人员，砌筑人员，混凝土配制及制品加工人员，钢筋加工人员，施工架子搭设人员，工程防水人员）

7.1.739 运输设备操作人员及有关人员 ［操作或驾驶各种车辆、船舶、皮带运输机、管道运输、畜力车等。如：公（道）路运输机械设备操作及有关人员；铁路、地铁运输机械设备操作及有关人员；民用航空设备操作及有关人员］

7.1.740 环境监测与废物处理人员（环境监测人员；海洋环境调查与监测人员；废物处理人员；其他环境监测与废物处理人员）

7.1.741 检验、计量、试验、分析有关人员（从事检验、检查、计量、测试、试验、化验、分析等）

7.1.742 包装人员

7.1.743 装卸工、搬运工（从事货运、装卸的体力工）

7.1.744 室内、室外装修工人

7.1.745 建筑队、工程队、装修队等的包工头

7.1.746 军工产品生产工人（装甲车辆装试人员，枪炮制作人员，弹制作人员，引信加工制作人员，火工品制作人员，防化器材制作人员，靶场试验人员）

7.1.747 （家庭或个人）小手工业主、小作坊主（豆腐、酿酒、榨菜、土特产、编织等手工制作行当的家庭或个体经营者）

7.1.748 农村（个人）铁匠、锁匠、木匠、泥瓦匠

7.1.749 其他生产工人和有关人员（例如水下操作人员，测绘人员，土木工人，修路工人，铁道、线路工人，其他工人和有关人员）

8 警察及军人

8.1 公安干警、交通干警

8.1.811 公安、交警机构局级及以上级别的干部

8.1.812 公安、交警机构处级干部

8.1.813 公安、交警机构科级干部

8.1.814 公安、交警机构股级干部

8.1.815 普通公安人员（警察）、交通警察

8.2 武装警察（武警）

8.2.821 武警师级以上军官

8.2.822　武警团营级军官

8.2.823　武警连排级军官

8.2.824　武警士兵、班长

8.3　军人

8.3.831　军队师级以上军官

8.3.832　军队团营级军官

8.3.833　军队连排级军官

8.3.834　军队士兵、班长

8.3.841　其他警察及军人

9　不便分类人员

9.1　不便分类人员

9.1.901　不便分类的其他劳动者

9.1.902　自由职业者

9.1.903　打零工而职业类型不稳定者

9.1.904　家庭主妇和其他在家做家务的人

9.1.905　正在寻找职业者（包括下岗无职业者）

9.1.906　因生理疾病原因而无工作能力的人

9.1.907　无职业也不寻找职业者

9.1.908　炒股票或以其他证券经营谋生者

9.1.909　靠不动产赢利谋生者（如出租、转租房屋或土地）

10　其他

10.1　其他

10.1.1　无业

10.1.2　学生

10.1.3　退休人员

后记

本书是在我博士论文的基础上做进一步补充与修改完成的。在即将付梓之际，无限的感慨油然而生，最深者莫过于导师的谆谆教导、老师和同学的帮助、亲人与朋友的关怀。

最要感谢的是我的博士导师杜育红教授，整个著作的写作离不开杜老师的悉心指导，大到论文整体框架设计，小到个别标题字句的推敲，无不凝聚着导师的独特构思和真知灼见。当得知我的论文要作为专著出版希望他作序时，他欣然同意并于百忙之中写好序言，让作为学生的我十分感动。杜老师渊博的学识造诣，严谨的治学态度，不倦的敬业精神，宽以待人的风范，使我终身受益。在此，向我的导师致以最崇高的敬意和衷心的感谢。

本论文的选题来源于杜育红老师的课题且由杜屏老师负责的《义务教育教师工资发展报告》项目和教育经济研究所的《农村教育与农村发展》课题。在教师工资课题的参与中，杜屏老师对工资问题的深入研究和独到见解对我很有启发，课题组成员的讨论也促使我对教师工资问题有了更进一步的思考。在此，特别感谢杜屏老师的宝贵建议，感谢课题组成员的帮助。在参与农村教育与农村发展课题过程中，我有幸实地考察了各地教师工资问题的现状，搜集了学校和县的文本资料，并对当地教师进行了访谈，这些都是我论文研究的重要基础。在此要感谢该课题组胡咏梅老师、梁文艳老师及所有成员。感谢教育基本理论研究院郑新蓉老师和首都师范大学苏尚峰老师在一起去贵州课题调研时对论文中教师工资制度设计给出的思考和建议。感谢北京大学丁小浩老师在论文数据搜集中给我提供的指引和帮助。感谢博士三年期间教育经济研究所的全体老师对我学习和生活方面提供的关怀与帮助。感谢杨晓敏师兄在我开题申请、论文写作与发表等方面的耐心指导，感谢王少义、高扬、段鹏阳、何颖、王国明等博士同学在我论文撰写过程中与我的交流与讨论。感谢教育经济所的周镭、曹浩文、唐一鹏、张美丽、范文凤、朱菲菲、刘平、侯玉娜等师弟师妹们，是你们让我博士三年的生活充满欢乐。

我还要感谢我的爱人王军一直以来对我的支持与鼓励；感谢我的公公婆婆帮我照料未满半岁的儿子，使我能安心修改完善书稿；感谢父母和所有关心我帮助过我的亲人和朋友。

本书系教育部人文社会科学研究青年基金项目资助，课题名称为"乡村教师生活补助政策的落实情况及对乡村教师供给影响的实证研究"，编号15YJC880030，系"2016 年促进高校内涵发展定额——青年教师科研启动基金"资助，编号 01691654490307。

感谢北京市社会科学理论著作出版基金和首都经济贸易大学出版基金共同提供的出版资助。

姜金秋

2016 年 12 月